痩せるより大切なことに気づいたら、

人生で一番楽に17kgのダイエットに成功しました

なぎまゆ

Contents

004 第1話 40代、ダイエットへの関心が薄れていた
016 第2話 過去のダイエット日記を読んで決意したこと
026 第3話 食事の内容を見直して分かったこと
033 ◎恋をしても痩せない人もいるんです…
034 第4話 絶対に我慢しないダイエットメニューの内容
040 第5話 何度聞いても聞き流してしまっていた重要なこと
049 ◎ダイエットに特化したメニューを取り入れなかった理由
050 第6話 血糖値を制する者はダイエットを制す
056 第7話 0カロリーや糖質制限のお菓子について
060 第8話 体重がスムーズに落ちない！ をどう乗り切るか
065 ◎健康食品はお金がかかる
066 第9話 自分の生活や性格に合った運動を追求する

074 第10話 サイズダウンのための運動
083 ◎腹周りビフォー・アフター
084 第11話 運動は一定年齢を超えたらもはや義務と思う理由
096 第12話 チートデイについて
102 第13話 誘惑が多い時期のリバウンドに心が折れなかった理由
109 ◎「チョコを食べてもいいんだよ」と言われても
112 第14話 ダイエット開始から1年、ついに…
119 ◎人生何が起きるか分からないものだな〜と思った話
120 第15話 絶対に我慢しないダイエット　おさらい
126 第16話 「言われるのが嫌なら痩せなよ」に対する考え方
138 あとがき

第1話

40代、ダイエットへの関心が薄れていた

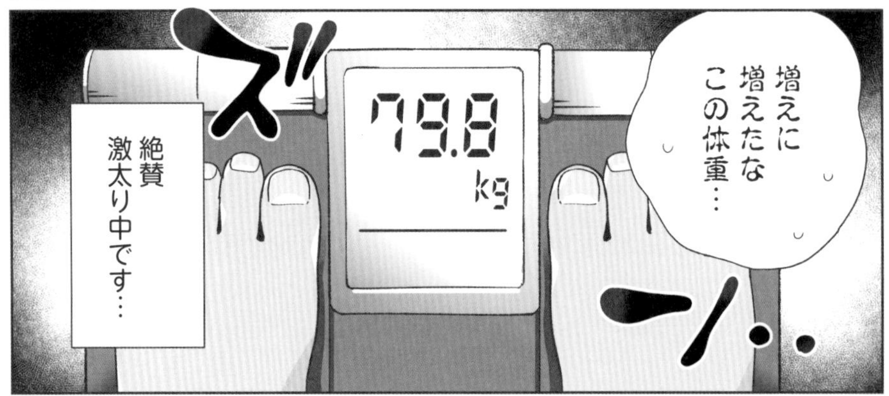

次の日
ええ〜〜〜
ズン・・・
全然変わってないし…
−0.1kgとか…
え〜なんで？
ちゃんと食べる量減らしたのに〜
ピッ
ピッ
はあ…
若い時はちょっと我慢したら1キロ2キロくらいすぐ落ちたのになあ
今日はおやつ抜き！
やったあ！1kg落ちてる♡
CHOCO
今は多少食事を控えた程度じゃ全然減らないや
79.8kg
この数字を見ても実はそこまで驚いていない自分が怖い
なぜならば

過去に何度も近い体重になったことがあるから
部活をやめて激太り
どどーん,
仕事が忙しくて激太り
どどーん,
よく覚えてないけど激太り
オイ。
どどーん,

そのたびに
さすがにこの体重はまずい…!
となってはダイエットで体重を戻すことを繰り返していたのです

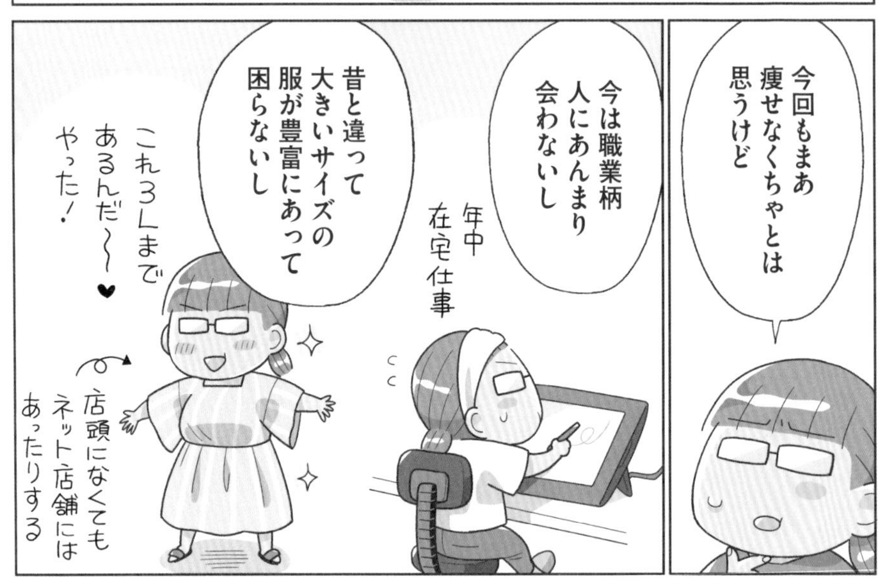
今回もまあ痩せなくちゃとは思うけど
今は職業柄人にあんまり会わないし
年中在宅仕事
昔と違って大きいサイズの服が豊富にあって困らないし
これ3Lまであるんだ〜♥
やった!
店頭になくてもネット店舗にはあったりする

学生の時や
会社勤めの時は
色々困ったけど
標準サイズ
ばかりで入る服が
ほとんどない
絶対入らない…
人に会う環境で
体型や
ファッションを
ついつい
比較してしまう
あわ
あわ
正直今は
そこまで
ダイエットを
頑張る理由が
ないんだよな…
まあとりあえず
これ以上
増えないように
気をつけると
いうことで…
仕事しよ
逃避…
プルルルルルッ
あ
はーい
電話だ
もしもーし？
……私
だけど
Sさんは
同業種で
同年代の
友人です
あ
Sさん？
どうか
したの？
なぎまゆさん…
私…

糖尿病に
なっちゃった…

……
えっ⁉
ほ、本当に⁉
ガタッ
本当～～～
あれは
数ヶ月前

Sさんと
二人で買い物を
していた時のこと
次は何を
見ようか～
ううっ
ガクッ
えっ？

え、Sさん？
どうしたの⁉
大丈夫？
ちょ…
待って…
足が攣った……
ええええっ
ギク
ギク

だ 大丈夫？
歩きすぎた？
そこのカフェまで
あと5mだから
頑張って！
うううっ
Cafe
ヨロ
ヨロ
はあ…
びっくりした

大丈夫なの？
うん…
最近すごく
足が
攣りやすくて
攣るのを抑える
薬を飲んでるんだ
今も
飲んで
おこう
そっかあ
大変だね…

カイ
カイ
ん？
腕がどうかしたの？
いや…最近どうも身体が痒くて
あ〜
冬だし乾燥すると痒くなったりするよね〜
あるある〜
年取って肌が乾燥しやすくなったのかなあ
ポリ
ポリ
…今思えば
足が頻繁に攣るのも肌がやたら痒くなるのも
全部糖尿病の症状だったんだよね
そうだったのか…

たしかにSさんは大きめな体型で
食生活も乱れがちだと聞いていました
160cmくらいで服は4Lサイズ
ストレスで寝る直前に食欲が爆発して弁当を2つ食べてしまうことも…
このままじゃまずいって気持ちはどこかにあったんだけど
怖くて目を背けてたんだと思う
うん…
ちなみに糖尿病になる原因は食べすぎや太りすぎだけでなく
体質や遺伝など人によって大きく違うことをご理解ください
体型も様々です
今回はあくまでSさんの例です
私が言うなって感じだけど
なぎまゆさんは健康不安とかない？大丈夫？
え…ああ…
健康不安か…
実は私も
数年前から身体にある疾患を抱えていました
それは

変形性股関節症です
変形性股関節症とは
脚の骨と骨盤の間の
クッションである
軟骨が磨り減り
炎症や痛みを
起こす病気です
原因は様々ですが
医師によると私の場合は
接続部分の骨の大きさや形が
生まれつき十分でないこと
(臼蓋形成不全)が
十分な場合
十分でない場合
軟骨の磨り減りを早め
痛みの原因になっている
とのことでした
立ってても
歩いてても
痛い…
私は今でこそ
慢性運動不足の
漫画描きですが
一日机の前に
かじりつきが
普通…

学生の頃は
結構なスポーツ少女で
特にバスケットは
かなり頑張っていて
毎日練習
週末は
練習試合
この頃も
痩せてない
筋肉ガッチリ系
当時は
股関節の痛みなど
まったく
ありませんでした
垂直跳びも
男子並み
うおおりゃっ
ズバーン
スゴーイ
30代で発覚後も最初は
違和感を覚える程度
だったのですが
えっ…
なんで変な
動きしてるの？
あ
また
やっちゃった…
股関節の
違和感から
謎の動きを
してしまう
徐々に
生活に支障をきたすレベルで
痛むようになっていきました
ペンを
落とした…
足が痛いので
物を拾うのが
すごくつらい
私
拾うよ〜
さっ
事情を知ってる友人…
ありがたい…
ダメだ…
次の駅で
一旦降りよう…
ガクガク
長時間立って
いられない
電車が地獄

ここ数年は
痛むのが当たり前に
なっていたので
気づけませんでしたが
痛いのが
普通…
体重が増えれば
関節の負担も
当然増えるので
最近痛み止めが
効きにくいと
感じていたのは
気のせいではなかったかも
しれません
痛み止めは
月に数回だったのに
最近は週に数回は
飲んでいた気も…
私たち…
多少太ってても
別に生活していけるし
って思ってたけど
だいぶダメ
だったかも
しれないね…
私もいい年だし
見た目だけの
問題なら別に…って
思ってたけど
さすがに病気って
言われたら
このままじゃダメだと
思ったよ…

ふぅぅ〜〜。。

年齢や
生活スタイルなど
色々理由をつけては
目をそらして
きたけれど
もう
若く
ないし…
人に会わない
仕事だし…
………
やるかぁ〜
……
やるかぁ…

ダイエット
こうして私は
約10年ぶりに
ダイエットを
することに
なったのです

第2話

過去のダイエット日記を読んで決意したこと

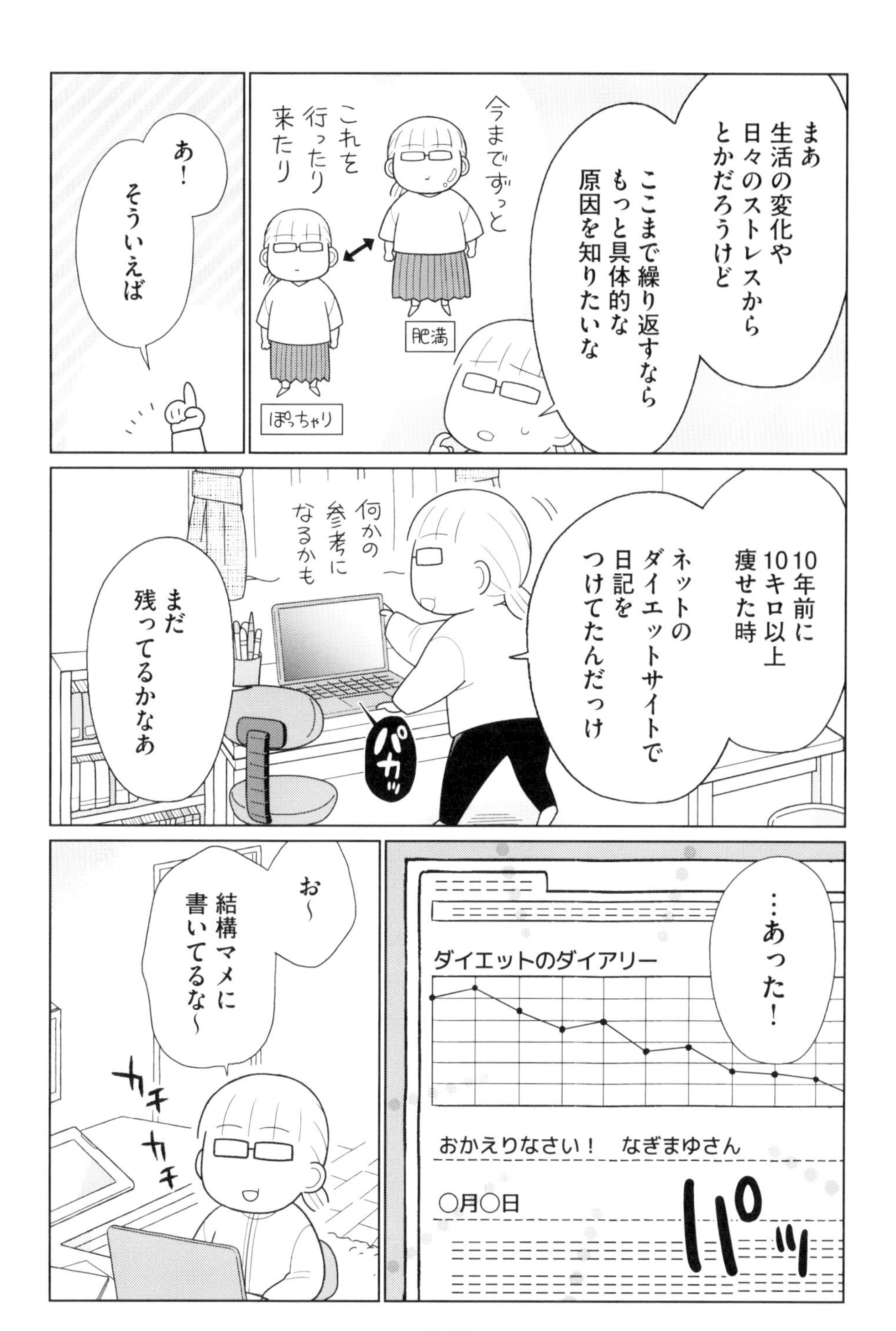
まあ生活の変化や日々のストレスからとかだろうけど
ここまで繰り返すならもっと具体的な原因を知りたいな
今までずっと
これを行ったり来たり
肥満
ぽっちゃり
あ！そういえば
10年前に10キロ以上痩せた時
ネットのダイエットサイトで日記をつけてたんだっけ
何かの参考になるかも
パカッ
まだ残ってるかなあ
…あった！
ダイエットのダイアリー
おかえりなさい！　なぎまゆさん
○月○日
パッ
お～
結構マメに書いてるな～
カチカチ

○月×日
カチッ
食事を控えめにしたら
1日で0.9キロ減ったぞ！
おおお
△月○日
カチッ
私はカロリーを
1日1400kcal以下に
すると減りがいいみたい
頑張ってるなあ…

START!
−5kg
−3.3kg
−2.1kg
−1.5kg
最初の1ヶ月で5キロ減
それ以降も1ヶ月で1〜3キロは痩せてるぞ
すごいペースだ…
やればできるもんだなあ…

でも若い時とは痩せやすさも違うだろうし…
今の私がここまで頑張れるのかな…
う〜ん…
○月△日
カチッ
久々に会った友達に
痩せてきれいになった
って言われた！
おおこれは嬉しいな

△月×日

お腹すいたなあ

今の食事の満足度は10段階中

朝：昼：晩で5：5：2くらいだ

△月△日

標準体型になるには

まだまだ減らさなきゃ

でも空腹感がつらい…

×月×日

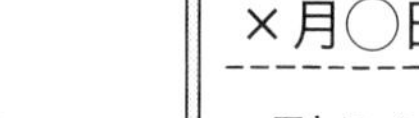

未記入

×月◯日

耐えられなくて

ファミレスで

ハンバーグ定食と

パフェを

食べてしまった

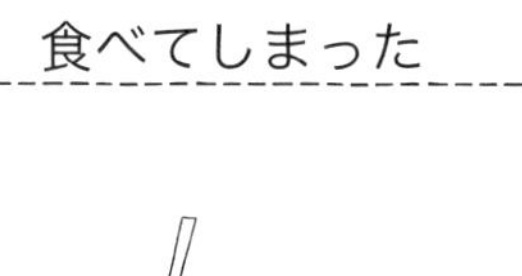

×月△日

最初ほど

減らなくなってきた

でもこれ以上食事を

減らすのは無理だし

どうすれば…

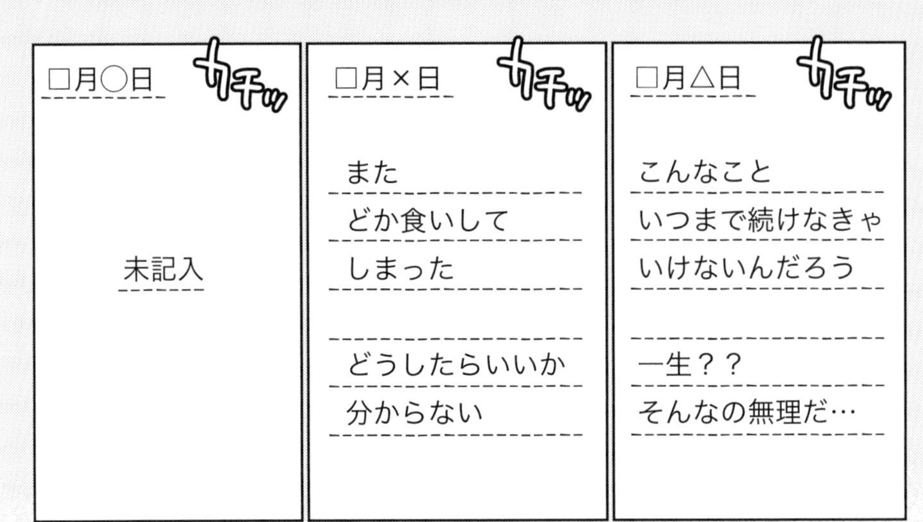
□月○日
カチッ
未記入
□月×日
カチッ
また
どか食いして
しまった
どうしたらいいか
分からない
□月△日
カチッ
こんなこと
いつまで続けなきゃ
いけないんだろう
一生？？
そんなの無理だ…

じわ…

なんか昔の私 こんなに頑張ってるのに
痩せて きれいになってる はずなのに
全然 幸せそうじゃ ない…

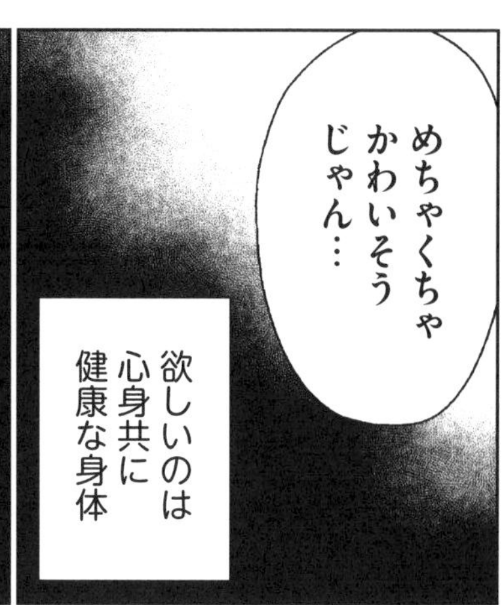
めちゃくちゃ
かわいそう
じゃん…
欲しいのは
心身共に
健康な身体

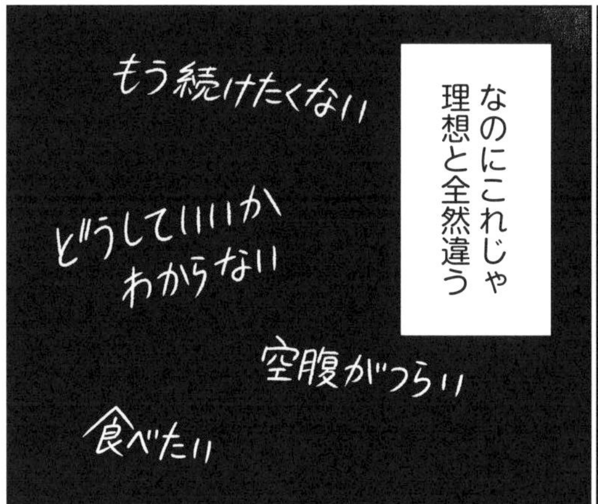
なのにこれじゃ
理想と全然違う
もう続けたくない
どうしていいか
わからない
空腹がつらい
食べたい

1キロ
減らすために
我慢しても
また次の
1キロを減らすための
我慢が待っている

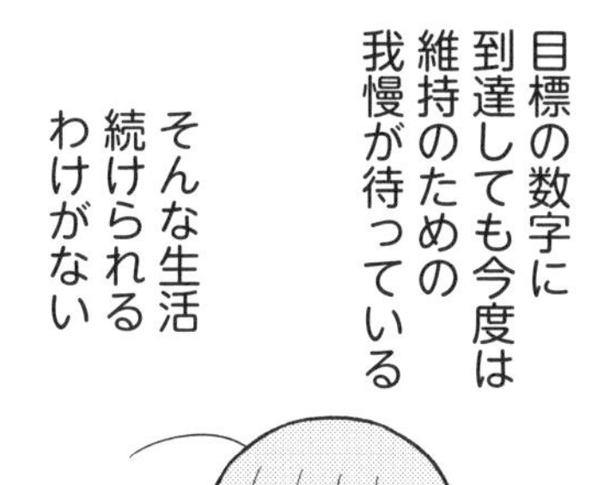
目標の数字に
到達しても今度は
維持のための
我慢が待っている
そんな生活
続けられる
わけがない

同じやり方をしたら
また必ずリバウンド
してしまう
それは
今の私の体型が
物語っている
スクッ
よし…
分かった

私
食事を我慢してダイエットするの
もう無理！
ドーン
今回は！
本当に！
絶対に！
食べるのを我慢せずに痩せる！
うおおお
思い返せば今までのダイエットも最初は
続かないから無理はしない！
って言ってたのに
体重が減りだすと嬉しくてそのうちどんどん数字を追いだして
また体重が落ちてる❤
♪
もっと頑張ればもっと落ちるかな〜

そのうち
「毎日減って当たり前」
になってきて
減らなかったり
少し増えただけでも
焦るようになって
ちょっと
食べただけで
すぐ太る！
イライラ
する〜〜〜！
キイイイ
最終的に
限界が来て
やけ食いの
頻度が増えて
結局リバウンド…
って流れ
だったと思う
節制しなきゃ
いけないのに
また食べちゃった…
減らすどころか
維持すらできない…

よし
今までのことを
反省して
これからは
「食欲を
満たす」
を優先して
「体重を
減らす速度」
は考えない
ようにしよう
重要
体重を
減らす速度
食欲を
満たす
ドー

このやり方じゃ
前よりモチベーションは
上がらないかもしれないけど
体重維持は
生きてる限り
続けなきゃ
いけないわけで
そもそも
モチベーション頼りなのが
ダメだったのかもしれない
無理のない
体重維持の方法を
習慣化できなければ
結局リバウンド
しちゃって
意味がないから
こんなに
頑張ってるのに
1ヶ月で
100gしか
落ちないなんてっ
こんなメンタルで
一生続けられる
わけがない…
キイイイ
イイ
だから
今度こそ!
絶対に!
我慢しないで
ダイエットを
するぞ〜!
何より
おー——!!
自分にちゃんと
向き合って
痩せることが
過去のつらかった
自分を救うことに
なる気がするから

というか
私
そもそもなんで
毎回リバウンド
してるんだろ？

第3話

食事の内容を見直して分かったこと

そして以前
無理をして
ダイエット
してた時の
メニューも
登録してみると…
カタカタ
ポチポチ
カリカリ
うーん…
以前の
ダイエット時の食事内容
朝
チーズトースト・豆乳・ヨーグルト
りんご
間食
クッキー
昼
カレー(ルーのみ)・ローストビーフ数枚
間食
小エクレア・アイス半分
夜
さしみこんにゃく・まいたけ
魚料理・サラダ
人がどう思うかは
置いといて
今の私の
感覚からしたら
毎食かなり
我慢してるな〜
って感じ…
トータル
1400kcalか……
毎食毎食
満足に食べることが
できてないから
食べ物のことが
頭から
離れなかった
だろうな〜って
想像つくというか…
特に
この夕食とか
食べた感が
あるのは
魚くらいでは?

毎食 物足りないから
次の食事まで
お腹が持たなくて
あ〜夕食まで
あと2時間もある…
そわ
そわ
中途半端に
間食
しちゃったり
ちょっとだけ！
一口だけ！
定期的に
限界が来て
爆食いしたり
してたん
だろうな〜
もう我慢できない！
食べてやる！
キ
ッ
トータルカロリーも
無理矢理
1400kcalに
抑えてるけど
栄養バランスは
だいぶ悪そうだ
結局パンやら
お菓子やら
食べてるし…
というか
私
そもそもなんでこの時
1400kcalを
目指して食事
してたんだっけ？
…

たしか
ネットで見つけた
「基礎代謝を
調べる検査」
というやつで
へ〜
こんなの
あるんだ〜
基礎代謝を
調べよう!
自分で唾液を取って
送って調べてもらう
結果は
郵送されて
くる
私の基礎代謝は
1100kcal
くらいって
結果が出て…
あなたの
基礎代謝は
1100kcal
それとは別に
何かの記事で
ダイエット中の
食事は
基礎代謝を
割らないよう
注意しましょう
っていうのを
見て
へえ
じゃあ
1400kcal
くらいに
しようかな
くらいの
軽いノリで決めた
ような…
今思えば
活動量や食事の仕方には
個人差があるのに
そのあたりを
考慮してなかったかも
継続ができるように
得た情報は
自分に合うように
カスタマイズ
していかないとなあ

というか
以前はダイエットアプリを使わなかったから
栄養素とか具体的な数値が見えづらくて気づかなかったけど…
以前は日記と体重の記録のみをしていた→

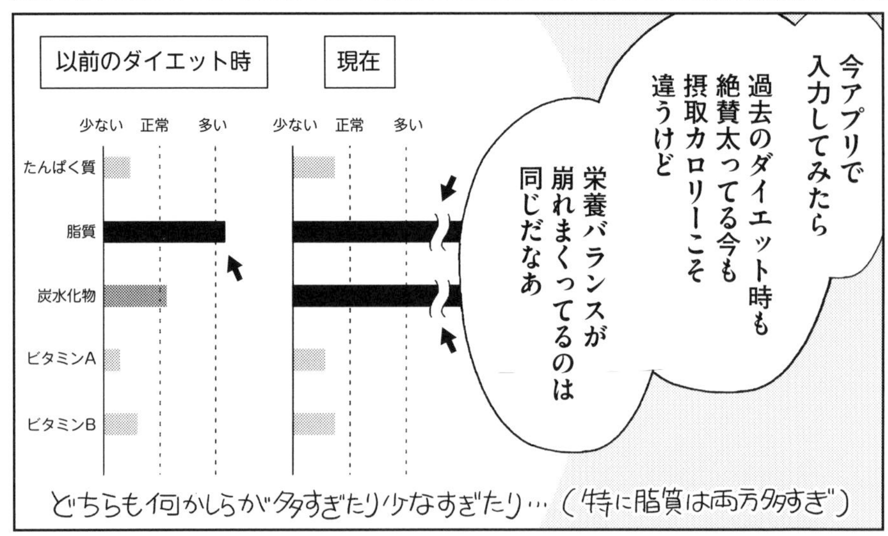
今アプリで入力してみたら
過去のダイエット時も絶賛太ってる今も摂取カロリーこそ違うけど
栄養バランスが崩れまくってるのは同じだなあ
以前のダイエット時
現在
少ない
正常
多い
たんぱく質
脂質
炭水化物
ビタミンA
ビタミンB
どちらも何かしらが多すぎたり少なすぎたり…（特に脂質は両方多すぎ）

栄養バランスを崩している原因は色々あるけど
データを見ていると私の場合その中でも目立つ原因は
ポチ ポチ
カチ カチ
えーと…
つまみまくってるお菓子…

今現在は
3食＋間食も
しっかり摂った上で
更にお菓子を
つまんでるし
何となく
口寂しい
ひとつまみ
だから大丈夫
過去の
ダイエットの時も
空腹に耐えられなくて
結局お菓子を
つまんでるし…
カロリーの
範囲内だから
大丈夫
ちょっとだけだから
大丈夫
なになに？
「必要な
栄養素が
足りてないと
空腹を感じ
やすくなる」
か…
ネットや
本で調べ中
ダイエット
私の場合
「栄養バランスが
崩れてるから
何か物足りなくて
食べてしまう」
というループに
ハマってたのかもな〜
何か
食べたい
また
別の物を
食べる
不足してるのは
たんぱく質なのに
別の物を食べる
また何か
食べたい

うーん
それじゃあまず
①栄養バランスの
取れた食事内容に
変えること
②我慢をせずとも
体重が減る
食事量を
模索すること
を目標に
しようかな
アプリの記録も
いつまで続くか
分からないけど
最初だけでも
分かることが
あるだろうし
前回の体重記録も
1年足らずで
途絶えがちに…
以前の
ダイエットに比べたら
だいぶゆるいし
時間もかかるだろうけど
それでいいんだ
無理をしたら
後で必ずツケが
来るのは
よ〜〜く
分かったから
今回は
継続できそうな
メニューを
目指そうっと

恋をしても痩せない人もいるんです…

第4話

絶対に我慢しないダイエットメニューの内容

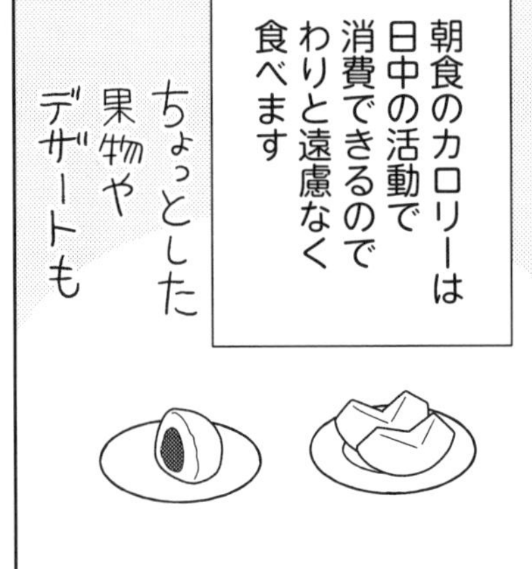

昼食
単品料理ではなくなるべく定食型の料理に
主食はオートミールもしくは白米か焼き芋
そしてプロテイン
トータル700〜800kcalくらい
栄養が偏らないように単品料理は避けるようにしています
単品料理は太りやすい物が多い…
とはいえ手間をかけたくないので
昨夜の余りを集めたもの＋α
あらかじめ切っておいた野菜を添える
といった感じにしています
新たな物は目玉焼きくらい
昼の主食はオートミールですが
インスタントスープと混ぜた物が一番楽
ごまワカメスープの素
①
②
③
できあがり
気分じゃないな〜と思った時は
無理せず白米や焼き芋を食べています

焼き芋は主食というよりもはやスイーツなんですけどね…
この甘みが自然由来のものだなんて…ありがてえ…
主食欲とスイーツ欲両方満たしてくれる
君は奇跡…
プロテインは不足しがちなたんぱく質を補うために摂っていました
昔と違って最近のは美味しい！
お気に入りはヨーグルト味やカフェオレ味など
腹持ちもいい！
プロテイン
夕食
こちらもなるべく定食型の料理に
主食からは炭水化物を摂らない
栄養素が足りない時用に調理ほぼ不要な食材を常備
トータル
400〜500kcal
くらい
鍋や汁物も良い
夕食の主食抜きは人によってはしんどいかもしれないのですが
夕食の後は寝るまでの時間が短いし
無理な人は他で調整すればいいと思います
私の場合は以前行ったダイエットでついた唯一の習慣だったので
そのまま取り入れてます
太ってる時も夕食に主食は食べなかったので…
これが普通

夕食の量は
寝る時に「満腹ではない状態」になるように心がけました
空腹ではないがお腹に食べ物を感じないくらいが良い
あまり控えてしまうと栄養バランスが崩れるし
空腹すぎると寝る前の間食に繋がるのでちゃんと食べます
お腹が空いて眠れない〜 アイスをちょっとだけ…
これが一番ヤバイ
フラ…
間食
朝と昼の食後のデザートの場合は少量の和菓子や果物
間食の場合は納豆や味玉わかめスープなど
間食については第6話でもう少し詳しく触れます
これらをダイエットアプリに記録しながら
栄養バランスが整うように調整していました
今日は脂質が多かったから明日は脂質を少し減らそう〜
調整
調整

この記録する
作業が
結構面倒で
実際ちゃんと
記録できていたのは
最初の数ヶ月程度
だったのですが
ある意味予想通り…
あ、忘れてた
でも最初に
記録していた
おかげで
料理を見たら
だいたいの
栄養バランスや
カロリーが
分かるように
なりました
昼食は脂質多め
だったから
夕食は
脂質少なめな
メニューにしよう
そして
私の場合
意識せずに
食事をすると
たんぱく質が
不足しがち
脂質は
多くなりがち
炭水化物は
推奨の範囲内に
おさまる
ビタミンAが
不足しがち
ということも
分かったので
記録をやめた後も
バランスを意識して
食事ができるように
なったと思います
なくても
いいけど
栄養のために
にんじんを
入れるか〜
一時的であっても
アプリへの記録は
やってよかったです

今回は以前の
数字を追う
ダイエットと違って
絶対に焦らず
1〜2ヶ月くらいかけて
「我慢はしない」
けれど
「体重は落ちていく」
という食事内容を
模索しました
ここで我慢して
痩せてもどうせ
続かない
栄養のある物を
ちゃんと食べて
痩せるんだ！
私の場合は
朝昼重め
夜控えめ
が
心地よかったので
そのように
しましたが
・朝は 500〜700kcal
・昼は 700〜800kcal
・夜は 400〜500kcal
トータルでは1800〜2000kcal
になるようにする
人によって
心地よいと思う
食事の内容や
タイミングは
違うので
ラーメンは
絶対
食べたい！
夕食こそ
がっつり
食べたい！
継続のためにも
譲れない部分を
含めた上で
検討してみるなど
自分に合った
食生活を
見つけることが
大切だと思います
ラーメンは
回数を
調整するか
朝と昼は
控えめに
してみるか
うんうん

第5話

何度聞いても聞き流してしまっていた重要なこと

糖質＋脂質

の食べ合わせはとにかく

太りやすく痩せにくい

ということを実感するようになりました

糖質＋脂質の食品とは
お菓子の場合はズバリ洋菓子です
手軽に買える物ばかり…
シュークリーム
ケーキ
メロンパン
バターサンド
ドーナツ
クッキー
ちなみに抹茶パフェは味が和なだけで洋菓子です…
対して和菓子は糖質は多いけど脂質が少なめです
摂りすぎれば太るけど糖質だけならエネルギーに変わりやすい
まんじゅう
ぜんざい
きんつば
糖質や脂質はカロリー同様パッケージの裏面で確認できます
カロリー 160kcal
脂質 0.2g
たんぱく質 1g
糖質 25g
糖質と脂質どちらも必要な栄養素なのですが
三大栄養素
たんぱく質
脂質
炭水化物(糖質)
糖質と脂質の組み合わせの食事は性質上
同じカロリーでも他の組み合わせのものより体脂肪を蓄積しやすく
糖質＋脂質
400kcal
他
400kcal
継続すると太りやすく痩せにくい身体になるようです
なぜ…
どーいん…

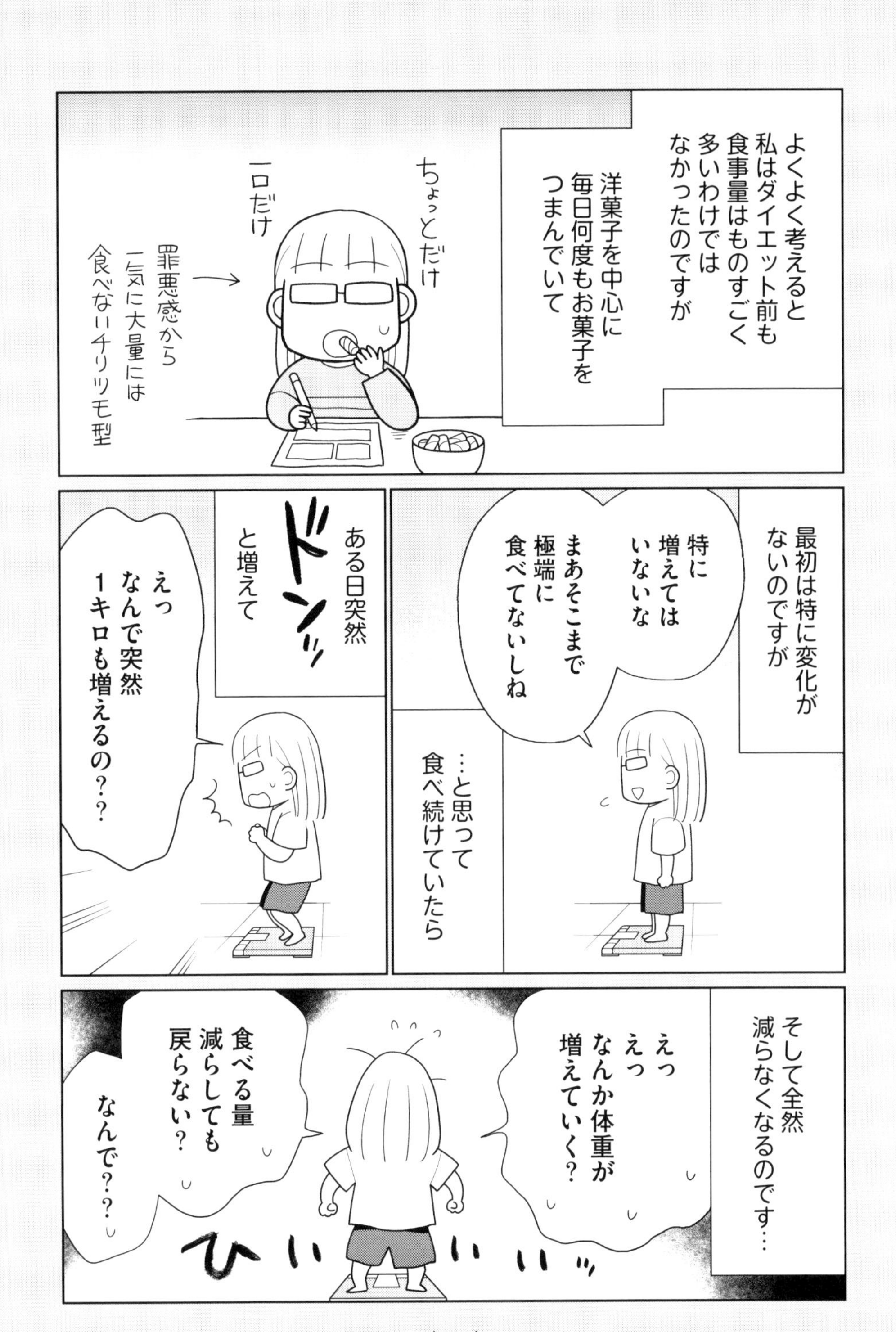
よくよく考えると私はダイエット前も食事量はものすごく多いわけではなかったのですが
洋菓子を中心に毎日何度もお菓子をつまんでいて
ちょっとだけ
一口だけ
罪悪感から一気に大量には食べないチリツモ型
最初は特に変化がないのですが
特に増えてはいないな
まあそこまで極端に食べてないしね
…と思って食べ続けていたら
ある日突然
ドーンッ
と増えて
えっ なんで突然 1キロも増えるの？？
そして全然減らなくなるのです…
えっ えっ なんか体重が増えていく？
食べる量減らしても戻らない？
なんで？？
ひぃぃぃぃッ

わけが分からないので
嫌になってしまい
あ〜も〜
ガツ ガツ
大して食べてないのに
何ですぐ太るかな〜〜
もうどうでもいいッ!
となって
しまっていたのだと
思います

なので
今回の
ダイエットでは
甘い物を
食べたい時は
少量の果物や
和菓子をチョイス
するようにし
洋菓子は
本当に
たまにしか
食べない
例え少量でも
連日食べない
ということを
気をつけるように
しました
人との外食時などは
食べます
絶対に食べない!
だとどこかで
爆発して
しまいますが
ぐわっ
甘い物が欲しい時は
洋菓子はダメでも
和菓子が食べられる
たまの外食時には
ちゃんと食べられる
そう思えば
全然つらくないな〜
あんこが
おいしい♥

そして糖質＋脂質の食事とは
ハンバーガー
フライドポテト
糖質を脂質で揚げたり炒めたり混ぜるなどして調理しているものです
ラーメン
パン
炭水化物も糖質です
ピザ
チャーハン

これも洋菓子と同様人との外食時以外は基本的に口にしなかったし
口にしたとしても連日にならないよう注意していました
今日食べたら
次の日は摂らない
こんな定番メニューを食べないなんて結局無理なダイエットしてるじゃん！
という声が聞こえてきそうなのですが
絶対無理しないって言ってたクセに！
ビッ

糖質＋脂質の組み合わせの食べ物ではなく
魚や肉のフライ
油淋鶏
ユーリンチー
からあげ
このようなたんぱく質＋脂質の組み合わせの食べ物は
頻度と量を減らす程度で週1〜2回くらいは普通に食べています

このあたりも脂質が多くなりがちなので
ダイエット的にはなるべく避けた方がいいのだと思いますが
ダイエットで揚げ物を推奨してる記事は見たことがない…
ダイエット
逆に制限をゆるくすることで
糖質＋脂質の料理を摂らずとも特に苦しさを感じずに済んでいます
芋コロッケじゃなくて鶏ささみのからあげにしようっと

料理上手な人は
色んな手段で
脂質を避けられると
思うのですが
素材を変えて
かつ美味しく作る
調理方法を工夫して
私は料理について
情報収集したり
慣れない物を買うのに
抵抗があったので
料理の手数が少ないので…
こういうのは他に何に使えば…ってなる…
おからパウダー
要するに料理がめんどい
脂質カットのために
やったことは
揚げ物の頻度を
減らす
週1〜2程度に
糖質+脂質の
食事も含めたら
相当回数は
減ってます
フッ素加工の
フライパンか
クッキングシートを使う
ドレッシングの代わりに
ノンオイルのツナや
塩昆布を使う
程度のことしか
していませんでした

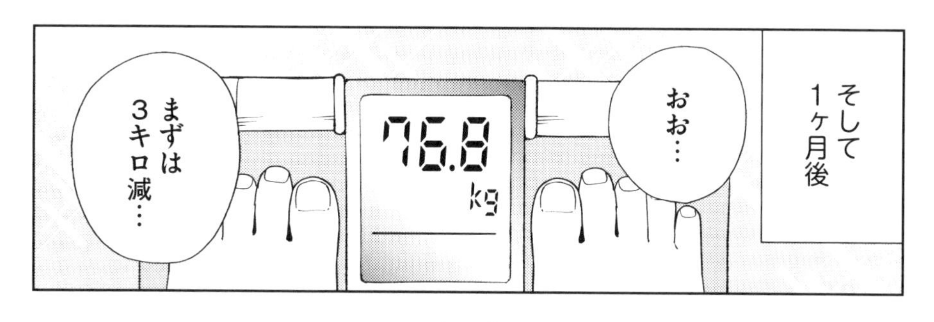
そして
1ヶ月後
おお…
76.8
kg
まずは
3キロ減…

以前のダイエットでは最初の1ヶ月で5キロ落ちてたから
前よりペースはゆっくりだけど
ちゃんと食べてるから飢餓感がほぼ0なのが嬉しい……！
ズンチャ♪
ズンチャ♪
喜びの舞
以前のダイエットは1日1400kcalくらいだったけど
今回はなんだかんだで1800～2000kcalくらい摂ってるんだな
これだけ…
わーい
飢餓感がないわけだ
ちなみに年齢や体格や生活習慣によって摂った方がいいカロリーは違います
1400kcalという数字が間違っているわけではありません
私は171cmで女性の平均より大柄です
あくまで私の例です
よ～しこの調子で頑張らない！無理をしない！を徹底して
ちゃんと食べても痩せる身体を目指すぞ～～
お～～！
どの程度の食事量が自分にとって適量なのか
それは自分自身で模索する必要があります
もうちょっと食べられるかな？
このままがいいかな？
私も1～2ヶ月くらいは模索していました！

ダイエットに特化したメニューを取り入れなかった理由

第6話

血糖値を制する者はダイエットを制す

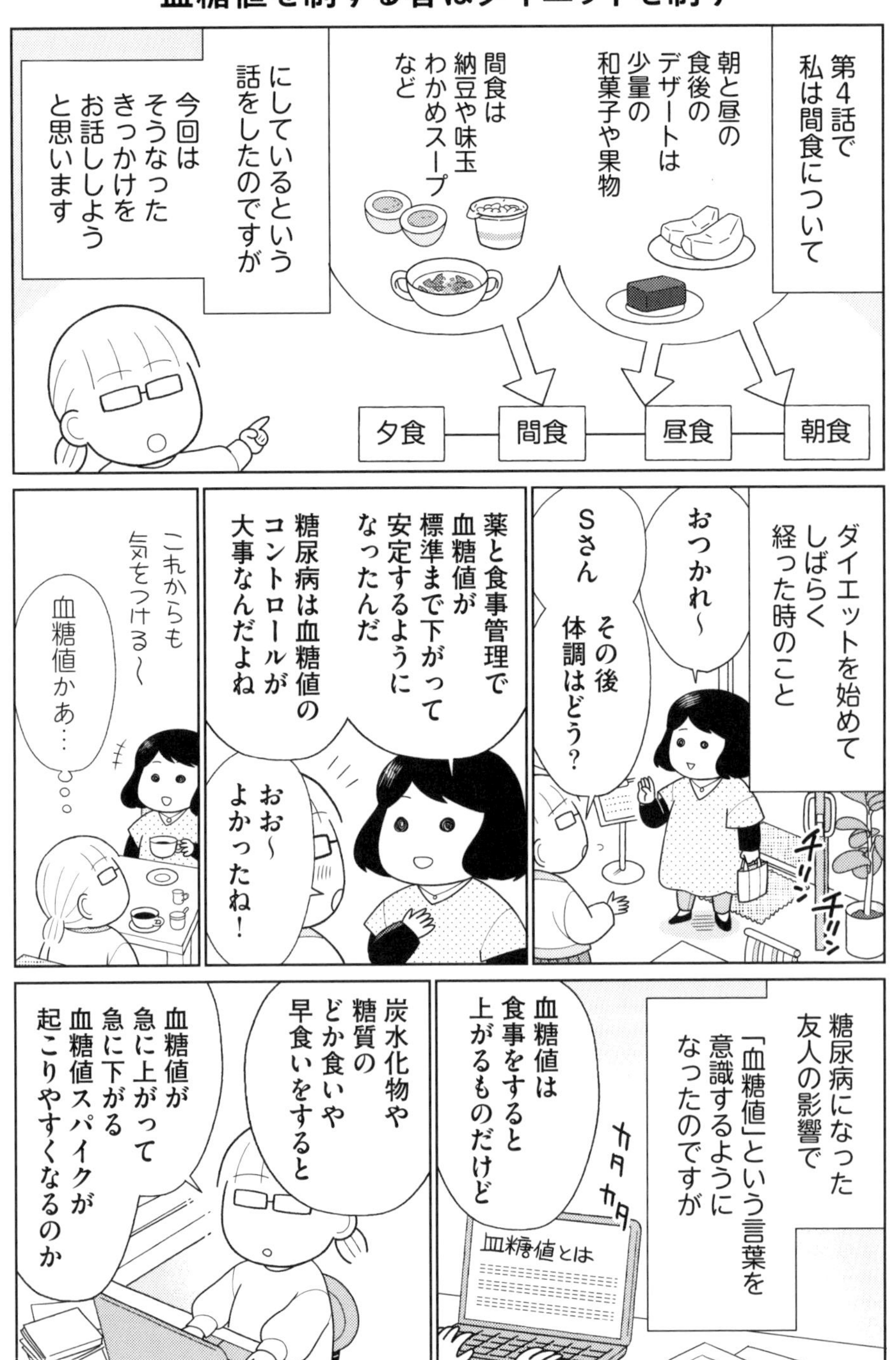

それが血管や臓器にダメージを与える原因になったり
血中に入った大量の糖の影響
何度もお腹がすいたり異様に眠くなったり
高
血糖値
低
ここで発動する
ZZZ
太りやすくなる原因になる…と
血糖値を下げるために大量に出るホルモンの影響
どーん…
だから血糖値を上げすぎない乱高下させないような食事の仕方が必要なわけか
炭水化物（糖質）のどか食いをしない
よく噛んでゆっくり食べる
炭水化物（糖質）は最後に食べる
①
②
………
これは間食の摂り方に応用できるかもなぁ…
今までは間食で甘い物を摂ると2時間くらいでなぜかまた食べたくなってたけど
さっき食べたのにまた食べたい〜
とおとお
これが血糖値が乱高下してるのが原因だとしたら
間食は血糖値が乱高下しにくいメニューにしたらいいのでは…

その後は
間食時に
小腹が
すいたな…
ぐぅ～…
…と思ったら
炭水化物や
糖質の多い
食べ物では
なく
インスタントスープ等を
摂るようにしてみました
乾燥わかめを
追加してっと
ザッ
ザッ
トポポポ…
ズズズ…
はぁ…
せっかくの
間食だし
ちょっといい
インスタント
スープに
してみたら
うまーい
とはいえ
8袋で400円
くらい…
しかし生粋の
甘い物好きな
私がこれで
夕食まで
持つんだろうか……
チッ
チッ
チッ
仕事中
水は
しっかり飲む
チッ
チッ
チッ
夕食の準備
ジャッ

チーン
…持ったよ
すごっ
いただきます
夕食
ダイエット前は「腹持ち」とか絶対気のせいだと思ってたけど
腹持ちがいい〜？
気のせいでしょ
だって私はいつでも食べたくなるもん〜〜
へ
ダイエット食事
本当にあるんだな〜〜
今まで間食を何度もしていたのは食べグセもあるけど
血糖値が乱高下してたせいかもしれないなあ
甘い物を食べて血糖値が上がる
血糖値が下がって食べたくなる
甘い物を食べて血糖値が上がる
血糖値が下がって食べたくなる
とはいえ甘い物を一切食べないのはやっぱり寂しいし
極端なことをすると爆食しそうで怖いしなあ…
ああもうとにかく甘い物が食べたいんじゃあああ
ガ
アヅ
こうなりそうで…
……よし！
そこで私が実践したのは

①甘い物が食べたい時は朝食か昼食後のデザートの時にする
小さめのようかんとか
食事でお腹が膨れた後だから
少量でも満足感がある〜
私の生活スタイル的に朝食や昼食の後は動く用事も多いから
洗い物
買い物
掃除
血糖値スパイクも避けられそうだ
※動くことで血糖値は下がる
②逆に午後は仕事で座りっぱなしのことが多いので
間食は血糖値が上がりにくい食べ物で済ませる
インスタントスープ
好きな味を箱で常備
味玉
100均容器に作り置き
納豆
冷蔵庫から出してそのまま食べる
ツナサラダ
野菜はあらかじめ刻んでおいてタッパーから出すだけ

間食にバリエーションを持たせておくと
もうこの間食には飽きた！
別の物を食べたい！
何日連続でこれを食べてるんだ⁉
キイイ
…となりにくいのでオススメです
どれも美味しいし
用意するのも簡単だし
納豆
甘い物が食べたくなっても
朝か昼に食べられると思えばつらくないし
朝起きたら食べられる…
たまにある人との外食では気にせず普通に食べられるし
ただし連日にならないようにはする
間食の量は以前のダイエットよりむしろ多いのになあ
すごいや
体重の減りもゆっくりだけど順調！
グッ
このことで身体のしくみを知ることや
自分の性格や生活に合わせた食事を考えることの大切さがよく分かったのでした

第7話

0カロリーや糖質制限のお菓子について

当時0カロリーのお菓子について
スレンダーな友人たちと話題になった時に
0カロリー食品ってなんか独特な味がするから食べないよ
普通のお菓子の方が美味しいからそっちを食べるよ
と言っていて
当時の私は
そりゃ普通のお菓子を食べても体重をキープできたらいいけどさ…
本当なら私だって普通のお菓子の方を食べたいよ〜
体重キープできる人はいいなあ…
においが苦手なんだよねえ
なんか普通の物と味が違うよね
と思っていたのですが
よくよく彼女たちの行動を観察してみたら

口に合わない物は目の前にあっても食べない
私は目の前にあると多少口に合わなくても何となく食べてしまう
総摂取カロリーを何らかの形で調整している
今日これがはじめての食事なんだ〜
えっ
私はたくさん食べる予定がある時も3食がっつり摂る
日常でよく動いていてじっとしていない
今日はこれをして明日はあれをして〜
私は基本動かない…
など体重をキープできる行動を何かしら取っていました
そりゃ違うわ…
そして当時の私が0カロリー食品等の導入で失敗していたのは
0カロリーなので食べたという意識が薄くなりやすい
故にだんだん食べる量が増えていく
それがいつの間にか普通のお菓子を食べる習慣に変わっていく
結局太る
ガーン
0カロリーだから食べても食べなくても変わらないし
太らないんだしもう一個食べよう
それ普通のプリンやで
0カロリー
となっていたからだと思います

なので今回のダイエット中の甘い物に関しては
カロリー制限されてるお菓子で摂る
ではなく
0カロリーだから
糖質制限お菓子だから摂ってよし
食べたい物を厳選して食べて調整する
という方向にして
今日食べる分
明日は少し節制しよう
甘い物を「何となく」食べてしまう習慣を断つようにしていました
食べた責任をちゃんと持つ！
今は朝昼に質と量を厳選した甘い物を食べているので
間食で何となく甘い物を食べたいという欲求がかなり減りました
別に平気
おーい…
アプリの記録で洋菓子などの栄養素を目にしたことで食べるのが怖くなったのもあります…
何この カロリーの高さ…
一切れの飽和脂肪酸の量すごすぎ…
ズーン…
というわけでこれからも
甘い物は食後に少量で
洋菓子は人との外食など特別な時に食べたい物を厳選して食べる
という気持ちで摂りたいと思います

第8話

体重がスムーズに落ちない! をどう乗り切るか

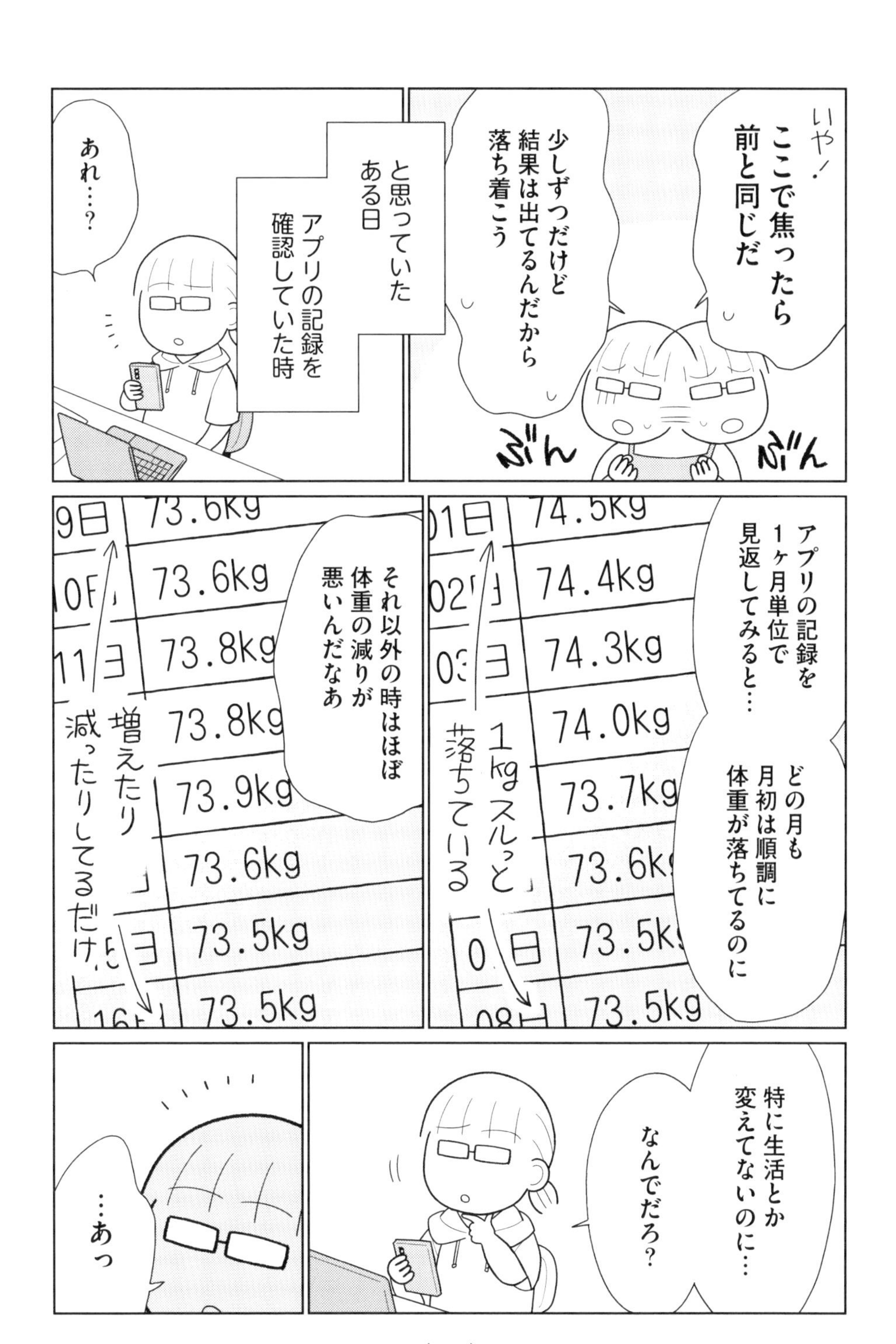
いや！
ここで焦ったら
前と同じだ
少しずつだけど
結果は出てるんだから
落ち着こう
ぶん
ぶん
と思っていた
ある日
アプリの記録を
確認していた時
あれ…？
アプリの記録を
1ヶ月単位で
見返してみると…
どの月も
月初は順調に
体重が落ちてるのに
1kgスルっと
落ちている
74.5kg
74.4kg
74.3kg
74.0kg
73.7kg
73.6kg
73.5kg
73.5kg
それ以外の時はほぼ
体重の減りが
悪いんだなあ
増えたり
減ったりしてるだけ
73.6kg
73.6kg
73.8kg
73.8kg
73.9kg
73.6kg
73.5kg
73.5kg
特に生活とか
変えてないのに…
なんでだろ？
…あっ

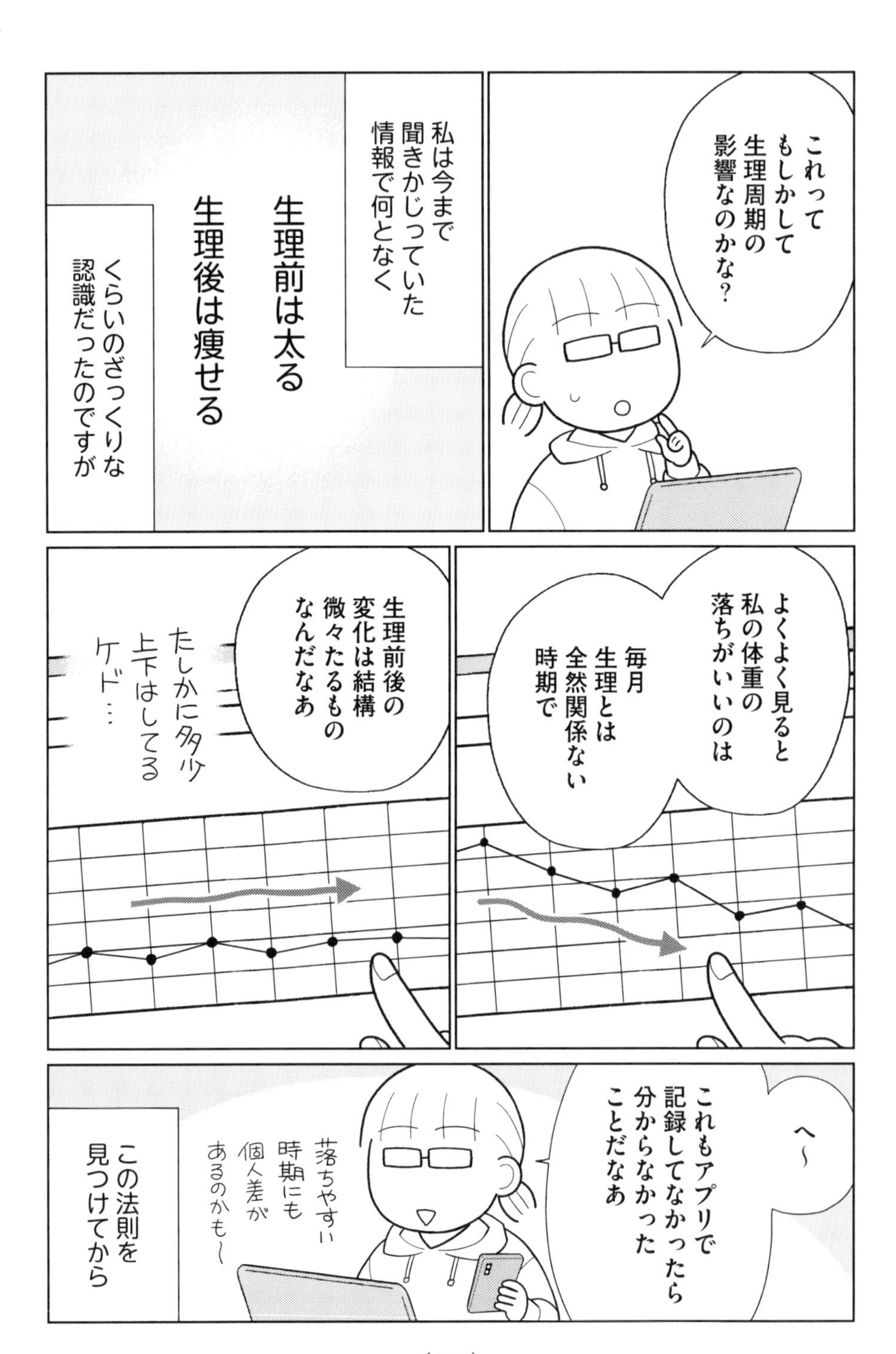
これって
もしかして
生理周期の
影響なのかな？
私は今まで
聞きかじっていた
情報で何となく
生理前は太る
生理後は痩せる
くらいのざっくりな
認識だったのですが
よくよく見ると
私の体重の
落ちがいいのは
毎月
生理とは
全然関係ない
時期で
生理前後の
変化は結構
微々たるもの
なんだなぁ
たしかに多少
上下はしてる
ケド…
へ〜
これもアプリで
記録してなかったら
分からなかった
ことだなぁ
落ちやすい
時期にも
個人差が
あるのかも〜
この法則を
見つけてから

体重がやたら落ちる時も
昨日は割と食べすぎてたのにラッキー!
もうちょっと食べちゃおうかな?
ではなく
周期的に落ちやすい時だからだな
そのうち落ちなくなるから油断しないようにしよう
だったり
体重が落ちない時も
えぇぇ昨日むしろ控えた方だったのに!
なんで?
生理も終わったのにィイ〜〜
ではなく
落ちる時期じゃないからなあ
今まで通りのことを淡々とやろう
きっと身体の中は変わってるハズ!
と思えるようになりました

さらによく記録を見ていくと
ダイエットしてても体重がまともに落ちるのは1ヶ月で10日もなくて
それ以外はよくて停滞って感じなんだなぁ
1ヶ月のトータルでは減ってるケド
私が落ちやすいのはこのあたりのみ…
1日
15日
30日
いやーしかし…
これを見ると
ほんと〜〜〜に
停滞や微増に一喜一憂してもしょうがないんだなぁ
はあ〜…
身体の作りがそうなってるんだもん…
でもちょっと気持ち的には楽になったかも
自分が悪いわけじゃないってことだし
体重の変化は1ヶ月単位くらいで更新できてれば
それでよしってことにしようっと
アプリの記録は本当に面倒ですが
数ヶ月だけでもやってみることで分かることがあるので
オススメです

健康食品はお金がかかる

第9話

自分の生活や性格に合った運動を追求する

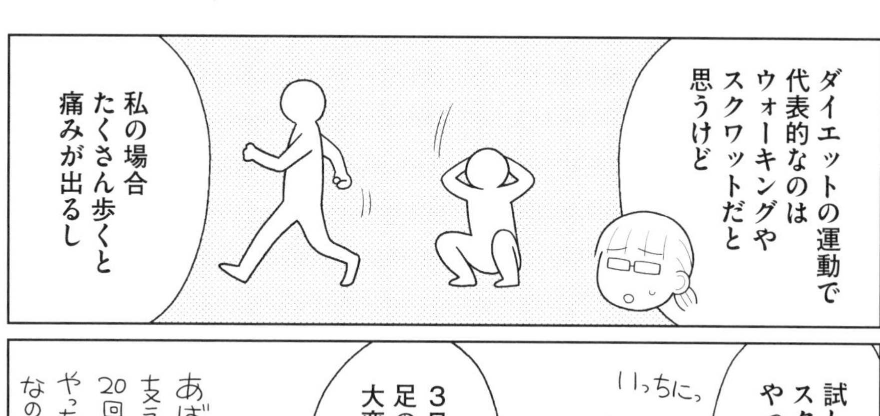
ダイエットの運動で
代表的なのは
ウォーキングや
スクワットだと
思うけど
私の場合
たくさん歩くと
痛みが出るし

試しに
スクワットを
やってみたら
いっちにっ
さぁんしっ
3日くらい
足の痛みがとれなくて
大変だったんだよなあ
ズキン
ズキン
あばばば
支えアリで
20回くらい
やっただけ
なのに…
ひどいとシビレも発生…

電気屋
家電
セ
お手軽で
効果的で
かつ股関節に
負担のかからない
運動って
ないかなあ…
〜♪
〜♪〜
自宅でも運動!
トレーニングマシンコーナー
試乗できます
ズン…

こういうのはうかつに買うと洗濯物置き場になるのが関の山って誰かが…
こういうふうに…
………
………
…いやいやいやいや
へえ…思ったより安価だしコンパクトなんだな…
1万円台の物もある…
これなら部屋のスミに全然置けるかも…
こういう大きくて高い物しかないと思っていた
ドン
1m以下
スッ
シュン
シュン
シュン
へえ…めちゃくちゃ静かじゃん…
シュン
シュン
シュン
これなら騒音の心配はまったくないな…
そして何より

足が全然痛くならない…！
パァァァッ
シュン
シュン
シュン
シュン
座ってできる運動のありがたさよ！
その後も色々と悩んだ結果…
ネットで動画や口コミを見る
試乗をする
置き場所を吟味する

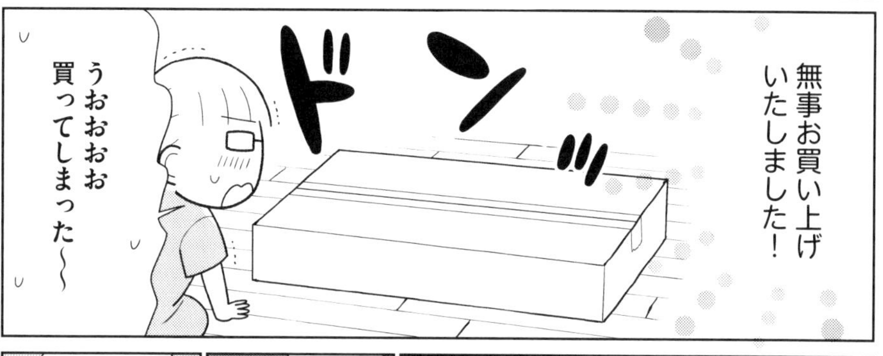
無事お買い上げいたしました！
ドンッ
うおおおお買ってしまった〜〜

もしも続かなかったら売り払おう…
売る時の梱包の参考とパーツ不足防止のために記録している…
カシャ
カシャ
しかし買った時の心配をよそに
は〜〜食べ終わった〜
キュ

仕事始める前にSNSをチェックしたいな～
よし
スマホでネットをしながら漕いでいる
シュン
シュン
シュン
ブーッ
ブーッ
おっ
時間だ
スマートウォッチで時間を計っている
ピタ。
おお…たった15分なのに運動した後の身体の感じがする
うーんっ
ネットチェック以外にも
書類チェック
シュン
シュン
読書
シュン
シュン
録っておいたアニメや映画の鑑賞など
シュン
シュン

私は自転車型トレーニングマシンを
運動するぞ〜！
よーしやるぞ〜！
おいっちにっ
という感覚ではなく
「娯楽や休憩のついでの運動」という感覚で使っているので
アハハ
動画おもしろーい
継続が苦になりにくかったです
何より足が全然痛くない！
私にとってこれは大きい…ッ
パァア。
シュンシュン
シュンシュン
準備や起動が一切必要ない
乗るだけ
化粧も着替えも必要ない
天候に左右されることもない
ザァアアア
一つ一つは細かいことでも
これらは面倒くさがりの私が運動を継続するのにとても重要なことです

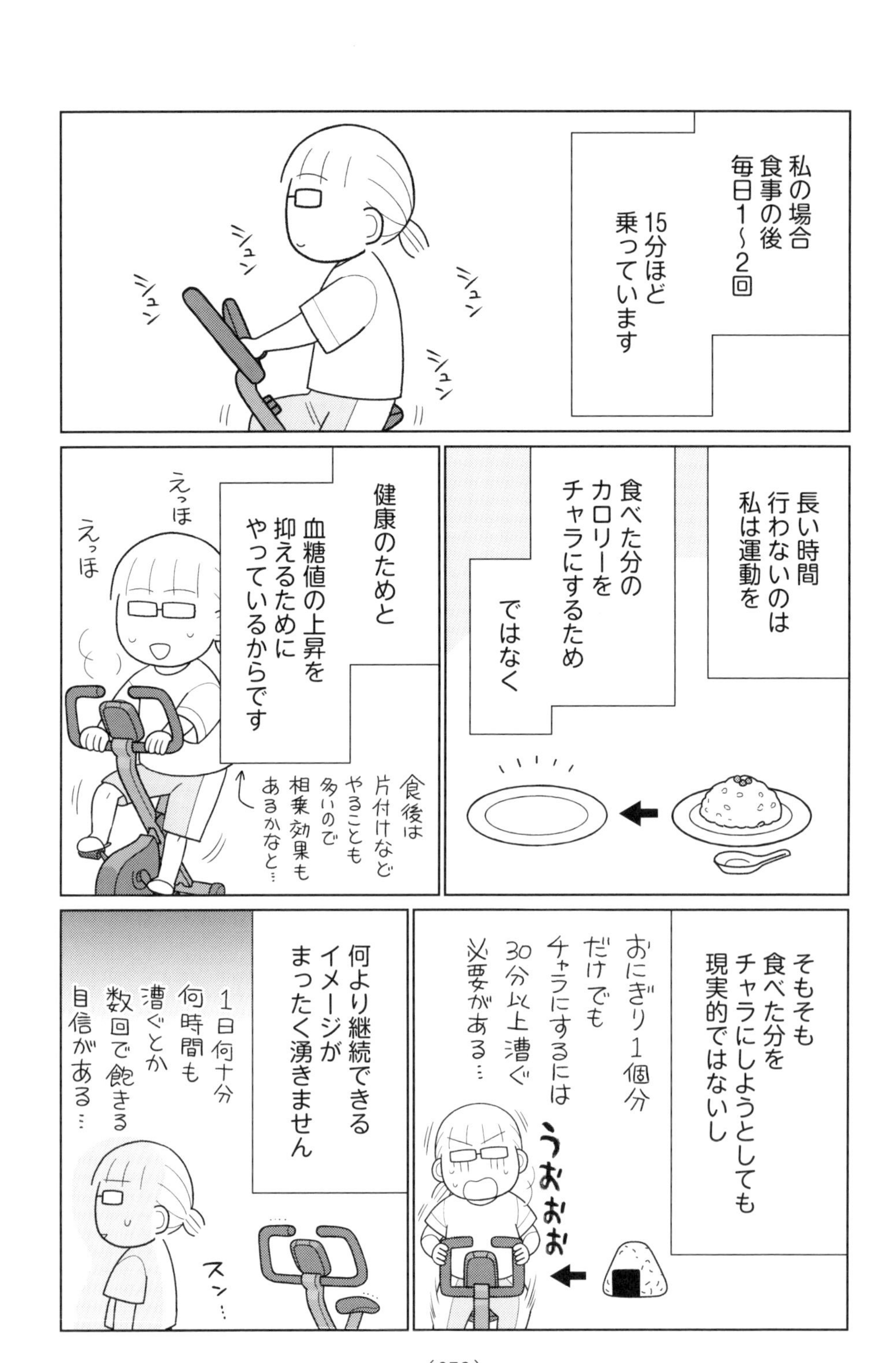
私の場合
食事の後
毎日1〜2回
15分ほど
乗っています
シュン
シュン
シュン
シュン
長い時間
行わないのは
私は運動を
食べた分の
カロリーを
チャラにするため
ではなく
健康のためと
血糖値の上昇を
抑えるために
やっているからです
えっほ
えっほ
食後は
片付けなど
やることも
多いので
相乗効果も
あるかなと…
そもそも
食べた分を
チャラにしようとしても
現実的ではないし
おにぎり1個分
だけでも
チャラにするには
30分以上漕ぐ
必要がある…
うおおお
何より継続できる
イメージが
まったく湧きません
1日何十分
何時間も
漕ぐとか
数回で飽きる
自信がある…
スン…

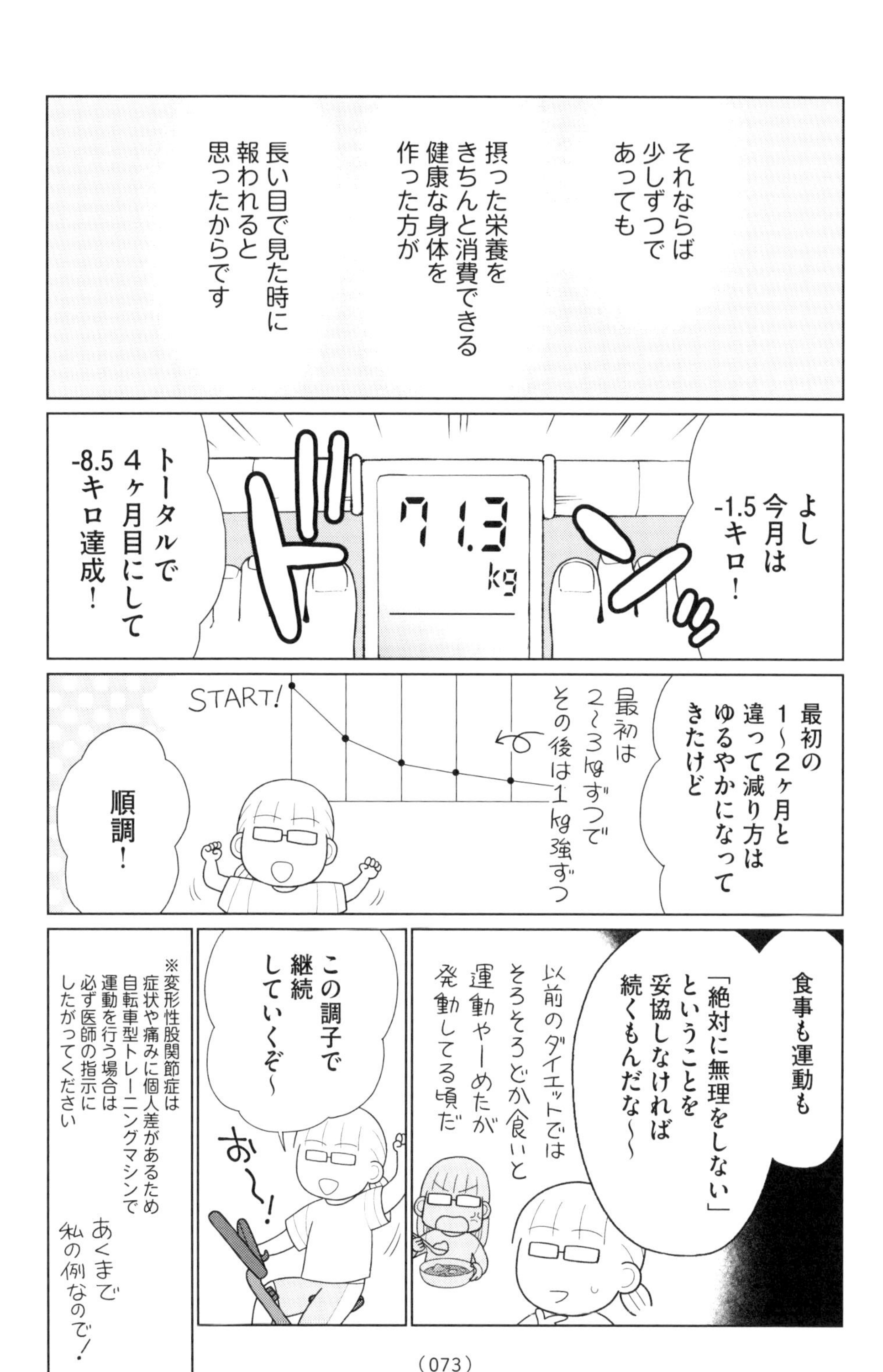
それならば
少しずつで
あっても
摂った栄養を
きちんと消費できる
健康な身体を
作った方が
長い目で見た時に
報われると
思ったからです
よし
今月は
-1.5
キロ！
ドン
71.3
kg
トータルで
4ヶ月目にして
-8.5
キロ達成！
最初の
1～2ヶ月と
違って減り方は
ゆるやかになって
きたけど
最初は
2～3kgずつで
その後は1kg強ずつ
START!
順調！
食事も運動も
「絶対に無理をしない」
ということを
妥協しなければ
続くもんだな～
以前のダイエットでは
そろそろどか食いと
運動や～めたが
発動してる頃だ
この調子で
継続
していくぞ～
お～！
※変形性股関節症は
症状や痛みに個人差があるため
自転車型トレーニングマシンで
運動を行う場合は
必ず医師の指示に
したがってください
あくまで
私の例なので！

第10話

サイズダウンのための運動

でもな〜
ジム通うとか
面倒だしな〜
お金もかかるし…
何とかいい方法は
ないものか…
〜♪〜
〜♪
フラフープは
お腹の周りの
肉を落とすのに
効果的です
ん?
フラフープかぁ…
子供の頃に
ちょっとやった
記憶があるけど
〜♪
効果
あるのかなぁ
身体を
ねじって
みましょう〜
〜♪
まあでも
腹筋するより
つらくなさそうだし
正しい姿勢じゃなきゃ
そもそも回らないん
だろうし
ちょっとだけ
やってみようかな
カチッ
数日後
無事に
到着
わぁ〜〜〜
嘘みた〜〜〜い

何度やっても
1回も
回らな〜〜〜い
マジ？？
嘘でしょ…
だって
子どもの時は
自力で適当に
回せたのに…
回そうと
もがいている
ぐにゃん
ぐにゃん
頭の中では
回せてるのに
身体が全然
ついてきてない感じ？
脳内
フィン
フィン
現実
ぐね
ぐね
パーン
それだけ筋力や
体幹が落ちてる
ってことか…
若かりし頃とは
違うとはいえ
ぐっね
ぐなん
ぐっね
さすがに
一度も回せないのは
悔しい…！
その後も
なかなか
回らず…
フラフープが
落ちる音
パーン
パーン

1週間で10回
回せなかったら
やめよう…
…と目が
遠くなりつつ
ゼェ
ゼェ
動画サイト
などを見て
練習した結果
足は少し
開いて〜
押し出す
ように〜
グネ
グネ
足の痛みが出るので
1日10分程度
1週間ほどで
100回程度
回せるようになり…
ぐぉん
ぐぉん
ぜぇ
ぜぇ
無駄な動きは
まだ多い
2週間ほどで
何回でも回せるように
なりました
うおおお
やった
〜〜〜〜
上達すると
最低限の動きで
まわるようになる
そして
体重が落ちても
なかなか
落ちなかった
ウエストの
サイズが
おっ

2週間で3㎝ほど減っていてビビりました
パアア
1日10分くらいなのに！
やったあああ
どぃん
before
after
ちょっと しゅっ
まだ3㎝減だけどズボンに乗っかる肉が少し減ったぞ～～！
…というわけで
フラフープ結構オススメだよ
へえ～～
ピコ ピコ
ってフラフープもゲームとかしながら回してるの？
もちろんだよ～
手ぶらで通話中

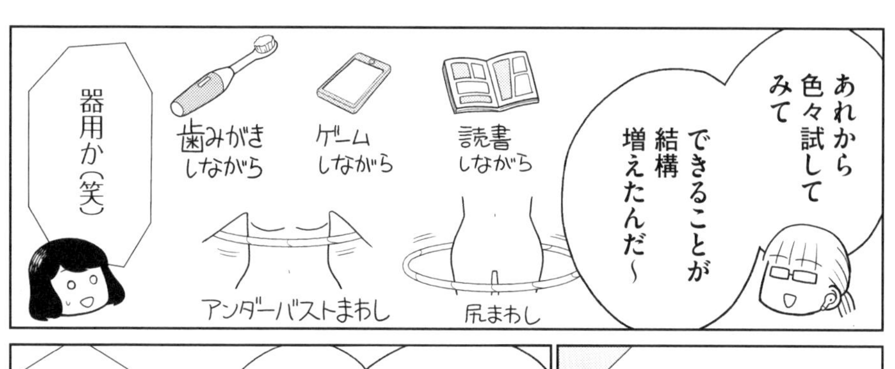
あれから色々試してみて
できることが結構増えたんだ〜
読書しながら
ゲームしながら
歯みがきしながら
尻まわし
アンダーバストまわし
器用か(笑)

フラフープって場所を取る印象あるけど
そのへんは大丈夫なの?
ん〜〜まあ2m四方くらいが推奨されてるけど
2m
2m
慣れてくるとベッドの上の空間とかを利用できるから
実質場所は半分って感じよ
※非推奨です…
ほんと器用だな(笑)
※周囲の物や人には気をつけましょう

あ〜〜でもさ…

せっかくだから同時に空いてる上半身のエクササイズをした方が効率がいいんじゃないの?
ダンベルしてみたり
ひねってみたり
ああ

もちろん
その方が
確実に
効率はいいね
だよねえ
フィン
フィン
フィン
だが今は
やらない
ドンッ
突然の拒否⁉

私の今回の
ダイエットは
運動も食事も
「継続」が優先で
「効率」は後回しなのね
フィン
フィン
フィン

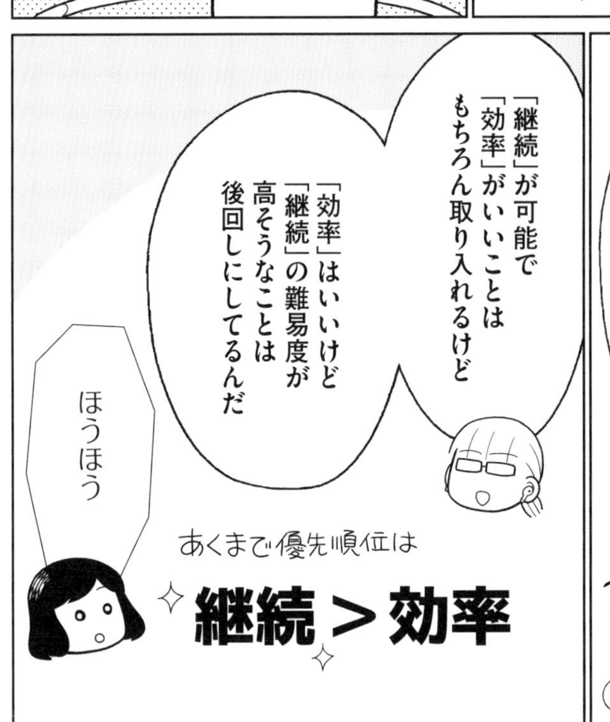
「継続」が可能で
「効率」がいいことは
もちろん取り入れるけど
「効率」はいいけど
「継続」の難易度が
高そうなことは
後回しにしてるんだ
ほうほう
あくまで優先順位は
継続＞効率

効率優先で大きい負荷を義務にしてしまうと
運動中苦行ばっかでやりたくない…
飽きた…
おーい…
ってなるのが怖いんだよね
ズン…
運動中に娯楽があると
とりかかりやすいし継続もしやすいから
休憩がてら運動がてらゲームでもやるかあ〜
慣れたら少しずつ負荷を上げるかもしれないけど
とりあえず今は継続を定着させることが優先かな
ブーッブーッ
よしタイマー10分終了〜
なるほどね〜
そしてフラフープを始めて数ヶ月後
軽度な運動ながらもウエストマイナス10㎝になりました
乗っかる肉が更に減ったぞおおおお
どどんっ

10㎝減ると
さすがに効果は大きく
今まではいてた
パンツのウエストが
ゆる〜〜い
ガボ
ガボ
前はパツパツ
だったのに〜〜！
横から見た
厚さも
全然違う！
継続の威力を
知ったのでした
以前は
1.3倍くらい厚い…
ちなみに自転車型
トレーニングマシンと
フラフープが
継続可能と
感じた頃に
5〜10分程度の
ダンベルや筋トレも
取り入れてみました
1.5
1.5
軽め…
短時間なのは
今のところこれが
あ〜
めんどくさい〜
やめようかな〜
両手が
使えない〜
が発生しない
ギリギリセーフの
ラインだと
肌で感じるからです…
でもアンダー
バストが
減りました！
運動も食事も
まずは「継続」で
「効率」はその次
慣れた頃に
本当に少しずつ
負荷を上げる
まどろっこしい
かもですが
私の性格だと
結局これが一番
「効率」がいいようです
※変形性股関節症は
症状や痛みに個人差があるため
フラフープで運動を行う場合は
必ず医師の指示に
したがってください
あくまで
私の例です！

腹周りビフォー・アフター

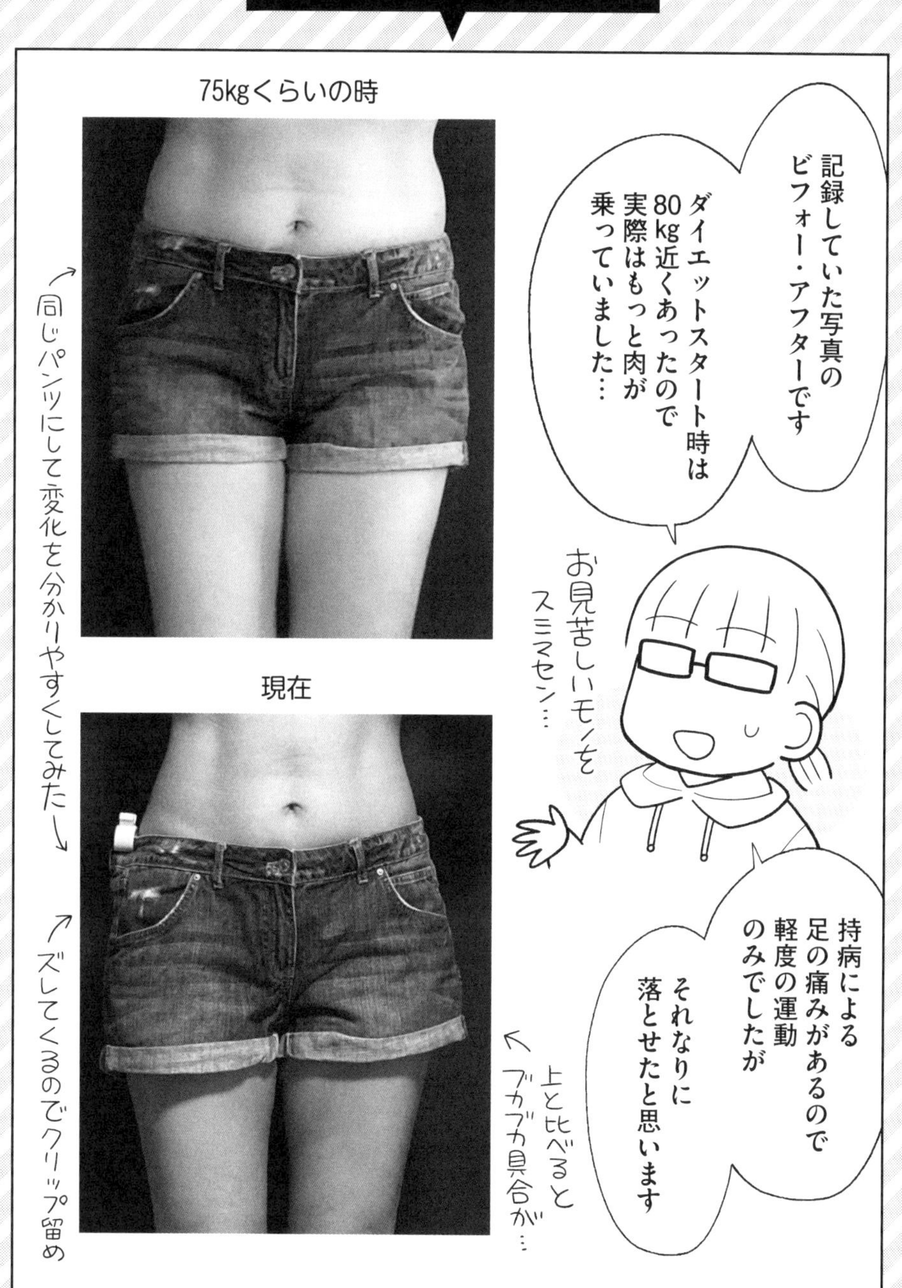

第11話

運動は一定年齢を超えたらもはや義務と思う理由

私は一時期
仕事が忙しい〜〜
ヒイ〜〜
という理由で外に出ず
買い物はほぼ通販
行動範囲はほぼ家の中
一日の大半この体勢
という日々を半年ほど続けていたことがあったのですが
ある日のこと
痛…ッ
あれ？なんかいつもより足が…
ガク
ガク
なんか近所なはずのスーパーがやけに遠い…
スーパー
ダメだ痛くて歩けないちょっと休憩
フラ
フラ…
ドッ
なんと痛みで歩けなくなったのです

おそらく
運動不足で
筋肉が落ちて
元から負担が
かかっていた
股関節に
より負担が
かかるように
なったのが原因で
ブル
ブル…
2００mの距離を
歩くのにも
休憩が必要で
歩き方も足を
引きずるようになり
ズ…
ズ…
30代の若さで
杖をつくように
なりました
電車では
人に席を
譲ってもらうことも
ありました
どうぞ
座って
ください！
ありがとう
ございます…
さっ
手術に踏み切るには
まだ微妙な状態で
でも痛みで身体が
自由にならない
健康の有り難みを
失ってはじめて
痛感しました

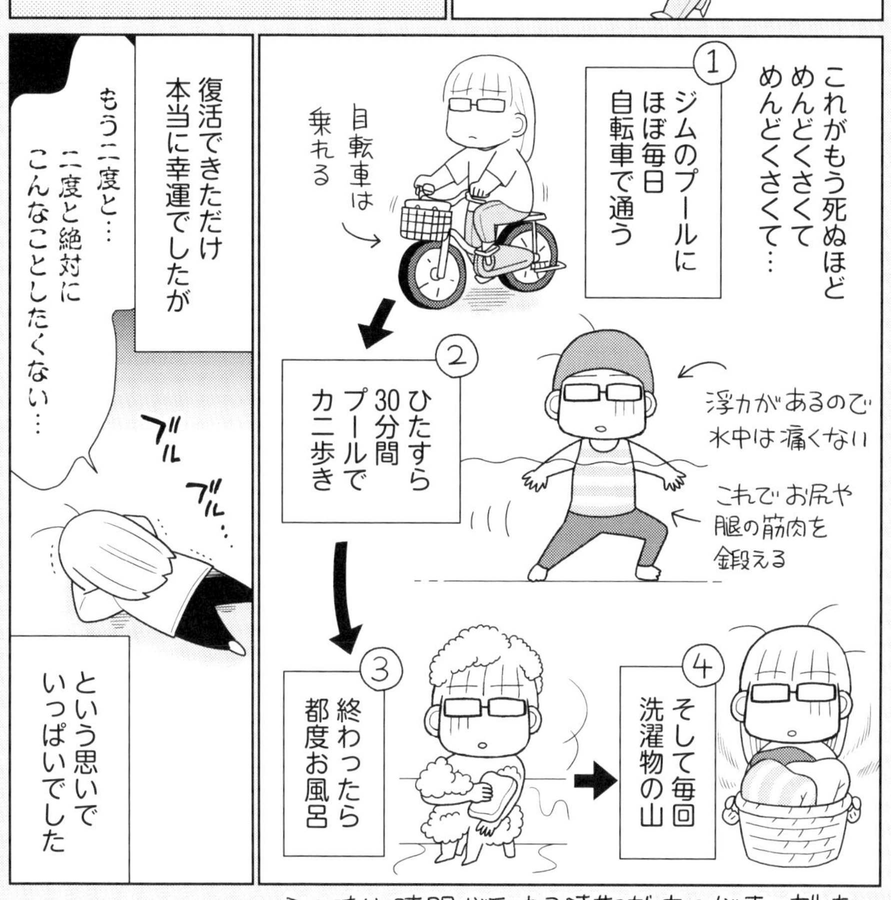

この時は時間が取れる時期だったのが幸いだった…

それからはどんなに忙しくても
一日一回はウォーキングに出る
ということだけは欠かさなくなりました
だいたい平均20分ほど
買い物ついでに行う程度のもので
一見意味がなさそうに思えますが
遠回りした後
家
スーパー
帰りに買い物などをこなす
ウォーキングを始めて以降は太っている時も痩せている時も
どの体型の時も歩けていた
以前のように歩けなくなるほど足の痛みが悪化するということはなくなりました
筋肉維持の大切さよ…
変形性股関節症ではウォーキングが症状を悪化させる場合もあるのでどの程度行うかは必ず医師の指示にしたがってください
私は歩かなすぎだっただけなので…

毎日ウォーキングしてるなんてえらいねえ
私なんて仕事ばっかで全然外出ない〜
…と同じ作家業の人に言われたりもするのですが
漫画描きは本当に動く機会がない…
もうほんとうにほんとう〜〜〜にリハビリのためのプールがめんどくさかったんです
毎日毎日
ひたすら水の中を歩くだけ…
あれをするくらいなら毎日ささっとウォーキングする方が全然マシです
ブル
ブル…
自分はあなたと違って足腰も健康だし時間もなかなか取れないから…
やっぱり運動なしで痩せたいんだよね
と思われる方もいると思うのですが
食べない&運動しないで痩せると筋肉が落ちるのは今健康な人も同じです

一日の中で
ぼーっとしてる時間
ネットを
している時間
それらが
10分すらない
という人は
少ないと思います
どうしても
時間が取れない人は
隙間時間に
ちょっとした
筋トレを
するだけでも
全然違います
レンジ待ちの際に
スクワットとか
私もかつては
仕事が〜〜
締め切りが〜〜
ヒィ
ヒィ
ということを
言い訳に
何もしていません
でしたが
いざやってみると
ウォーキングができない
くらい忙しいのは
締め切り当日
くらいでした
なんだかんだで
10分20分くらいは
全然イケる
健康は
あるうちは
気づかないですが
失うと
取り戻すのが
本当に大変です
そして
取り戻せない
場合もあります

運動をせずに痩せたいなら
食べなければいいのですが
食べなければ身体は
最近全然栄養が入ってこないなあ
じゃあ少ない栄養でも維持できる身体になろう
と省エネモードになっていきます
食べない&運動しないで痩せると脂肪ではなく筋肉が減っていきます
それによる代謝の低下で食べていないのに痩せない
普通の食事に戻しただけも太る身体に変わっていきます
最初は体重が落ちてたのに〜!
食事を減らしても全然体重が減らない!
ちょっと食べたらすぐ太る!
キィィッ
以前のダイエット時の私がまさにこれ
食べなくても維持できる身体にしといたよ!
この場合苦労して我慢して痩せた後に待っているのは
リバウンドです

結局
適切に食べて
適切に運動して
痩せる
それ以外に
健康を維持できて
リバウンドしない
身体になる方法は
ないのだと
思います

多少不健康でも
痩せれば
とりあえず
それでいいの！
夏までに
5kg
痩せられれば
それでいいの！
細かいことは
いいんだってば！
という意見も
あると思いますが

食べない＆
運動しない
ダイエットで
失われた筋肉は
簡単には
取り戻せません
その状態で
年を重ねた場合
見た目は
標準体型なのに
実は筋肉量が少なく
体脂肪率が
高いという
隠れ肥満になる
リスクも上がります
見た目は
標準体型なのに
実は「肥満」状態

そうすると運動機能や
歩行機能が衰えたり
すぐ
疲れちゃう…
ひどくなると
日常生活を
送ることすら
難しくなってしまい
ドライヤーすら
重くて持って
いられない…
ブル
ブル…
早いうちの
寝たきりに繋がる
可能性が高くなります
運動量の少ない
生活や職業の方は
特別なことで
なくてもいいので
継続できそうな
範囲で運動を
始めてみることを
オススメします
その習慣は
後の健康や体型維持に
繋がる財産になると
思います
TVを
見ながら
できる運動を
してみたり
一駅手前で
降りて歩くなど
とはいえ
具体的には
何をしたら…
私の性格や生活に合った
運動とは…？
という方も
いるかと
思います

私の周りには
ダイエット兼
健康維持のために
運動ができる
ゲームを購入した人
自宅で好きな
タイミングで
楽しく運動できる
から続けられる
ジムに通っている人
出かけるのは
むしろ気分転換に
なる
プロに教えて
もらえるので
説得力があって
やる気が出る
お金を払って
運動を
義務化した方が
通おうと思える
仕事の帰りに
通えて便利
身体を使う
アルバイトを始めた人
身体を動かしながら
お金ももらえるので
得した気分になれる
仕事だから
サボれないし
継続しやすい
飲食系はまかないで
太るので避けた
などなど

私と同じ運動をしている人は一人もいません
みんな自分の性格や生活に合った方法を見つけて運動をしています
あ〜私以前持ってたんだけど
続かなくて捨てちゃったんだよね
私にはアルバイトが合ってるみたい〜
自転車型トレーニングマシンいいよ〜
そういう運動を人の意見を参考にしながら
自分自身で見つける必要があります
へえ〜オンラインでストレッチを配信してる人がいるのか〜
大切なのは
人がしていることをそのまま真似するのではなく
参考にして継続可能な運動を探して実行すること
私も体重維持のため健康維持のために
自分に合った運動を継続していこうと思います

第12話

チートデイについて

皆さんは
「チートデイ」
という言葉を聞いたことが
あるでしょうか
ダイエットで
食事制限を
すると
ちゃんと
節制してるのに
何で体重が
落ちないの？
最初は体重が
落ちるのに
だんだん体重が
落ちなくなるのは
身体が
省エネモードになり
代謝が落ちて
しまうからなのですが
全然食べて
くれないんで
少ない食べ物で
動く身体に
しときました！
やめてくれ…

チートデイとは
普段食事制限
している人が
たまにあえて
たくさん
食べる日を
設けることで
今日は
チートデイ
食べるぞおお
どんっ
なあんだ
この身体には
ちゃんと食料が
入ってくるのかぁ
入ってこないから
食糧不足なのかと
思っちゃったよ
じゃあまた
節制した時は
体重落としとくね！
と身体を安心させて
代謝が落ちるのを
防ぐ方法のことだそうです

ダイエット初期
色々調べていた時に
チートデイのことを
知ったのですが
動画サイト等で
こんなサムネイルが
たくさん出てくる…
今日は
チートデイ♥
爆食しまくり！
最初に
思ったことは
ゆ勇気が
出ない…
でした
ヒー…
こんなに爆食して
戻せなかったら
どうしよう…
一時的とはいえ
相当体重
増えそうだし…
記事によっては
1日3000kcal以上
摂らないと
意味がないとか
書いてあるし…
うう〜ん…
あまりにも
体重が戻ったら
今の私だと心が折れて
しまうような…
食べるべき物や
摂るべきカロリーの
情報も色々あって
どれを選んだらいいのか…
おいし〜♥

結局
もぎゅ…
怖いから今日はまんじゅう2個でチートデイってことにしてみるか…
無意味
単に甘い物が多かっただけの日
のような感じで効果的に取り入れることができませんでした
しかしダイエットが進むにつれ
自分に合う食事の量が分かってくると
そもそも私はボディビルダーやスポーツ選手の人みたいに
普段食事を超制限したりハードな運動をしてるわけじゃないし
足の疾患と職業柄
むしろ運動量は一般の人より少ない方
常にしっかり食べてるわけだから代謝も落ちようがないわけで
毎日1800〜2000kcal食べてる…

私には
チートデイって
必要ないかもなぁ
うむ
と気づいてからは
普段は
栄養バランスの
良い食事を
しっかり摂り
人との外食の時には
ある程度自由に
種類や量を食べて
一時的に増えた体重は
普段の食事を
心持ち控えめにして
ゆっくり調整
今日は
デザートは
やめておくか
とすることで
スローペースでも
安定して体重が
落ちていくように
なりました
よし！
外食で増えた分を
3日で戻せたぞ〜
グッ

というか私の場合
「間食をダラダラ食べる習慣」と「糖質＋脂質の多い食事の習慣」が
大いに太る原因になっていたので
ちょっとだけ
一口だけ
チートデイ導入によってタガが外れてしまうのが怖かったというのもあります
調子に乗って昨日もチートデイ！今日もチートデイ！みたいになりそうで…
イエーイ
よし！ダイエットを始めて約8ヶ月で13キロ減！
どどん
66.8
kg
特別節制しなくても少しずつ体重は落ちているので
私にチートデイは必要ないみたいです
やった
やった

第13話

誘惑が多い時期のリバウンドに心が折れなかった理由

ものの見事に
2キロほど
リバウンドしまして
今までは
多少増減があっても
せいぜい1キロ程度
だったから
ダイエット中の
プラス2キロは
結構重たいぜ…
ズーン…
もうね…
心当たりしか
ないよね…
トホホ…
久しぶり
だね～
あこれ
よかったら
どうぞ
お土産～
わ～
ありがとう～
忘年会的な
集まりとか

帰宅後
うわ～
これすごく
お高い
美味しい
やつだ～～
めちゃくちゃ
嬉しい～
ふおおっ
洋菓子は
ダイエットには
不向きなので
食べたとしても
連日にならないように
気をつける
と思って
いたのに
さっそく
一口…
ぱく

うまい
うぎゃ〜〜
やっぱり
美味しい〜〜
こ今回は
特別に
朝昼の食後に
1つずつ食べるって
ことで…
罪深い
糖質と脂質の
ハーモニーー…ッ
はわわわ
…とついつい
条件が甘くなり
それがやっと
食べ終わったと
思ったら
お久しぶり〜
元気？
あんた ここのお菓子
好きだって
前言ってたよね
親せきの
集まりとか
ひえええええ
大好き〜〜〜
連続に
なっちゃうけど…
そして
うまい
…と更に
食べ続けることになり
お正月
X'mas
年末年始で
恒例の行事も
あったりして

合間合間で何とか節制はしてみるものの
今日は控え目に…
スッ…
怒涛の糖質＋脂質ラッシュの前には焼け石に水だったようで
う――ん
2キロ戻った！
どんっ
となったわけです
はーやれやれ
糖質＋脂質の食べ物の威力は本当にすごいや
さて仕事するか
えーと…締め切りまであと3日だから…
カキ
カキ
……あれ？

私
あんまり
慌ててない…？
以前の
ダイエットの
時だったら
あんなに
頑張ってたのに
ちょっと普通に
食べただけで戻った！
こんな理不尽なことが
あっていいものか～～
キィ
ィィィ
ダン
ダン
ってなってた
気がするのに…

そうか…
普段別に
我慢してないから
慌てる必要が
ないんだ…

年末年始は食べ方のバランスが連日崩れちゃってたけど
連日の洋菓子
外食
会食
今までちゃんと食べて体重を減らしてきた実績があるから
ちゃんと食べて
少しずつやせる
また元の食生活に戻せばきっと大丈夫って思える

以前は体重を減らすために我慢しまくってたから
満足に食べられない
ぐ～…！
食べたくない物で空腹をごまかす
増えた体重を戻すためにまたあの我慢をし直さなきゃいけないって
ちょっと食べたら増えた～～い
また我慢する日のやり直しになっちゃう～
パニックになっちゃってたのかも…

ダイエット中の停滞期やリバウンドを乗り越えるためにも
普段から無理をしないってことが
本当に本当に大事なんだなあ
そして10日後
よ～し
体重が元に戻ったぞ～～
ドン
いつもの単発的な外食と違って年末年始は連続してダイエットに不向きな食事をしてたし
その後も極端に節制してないから戻りはゆっくりだったけど
やることやっていればちゃんと効果が出るんだな～
単発的な外食の場合は3～4日で戻る
「無理をしない」「焦らない」を徹底したら
あれほどどうにもならないと感じていたリバウンドが
少しだけ怖くなくなったのでした
食事も運動も
無理しない方が後が楽なんだな～
ばふっ

「チョコを食べてもいいんだよ」と言われても

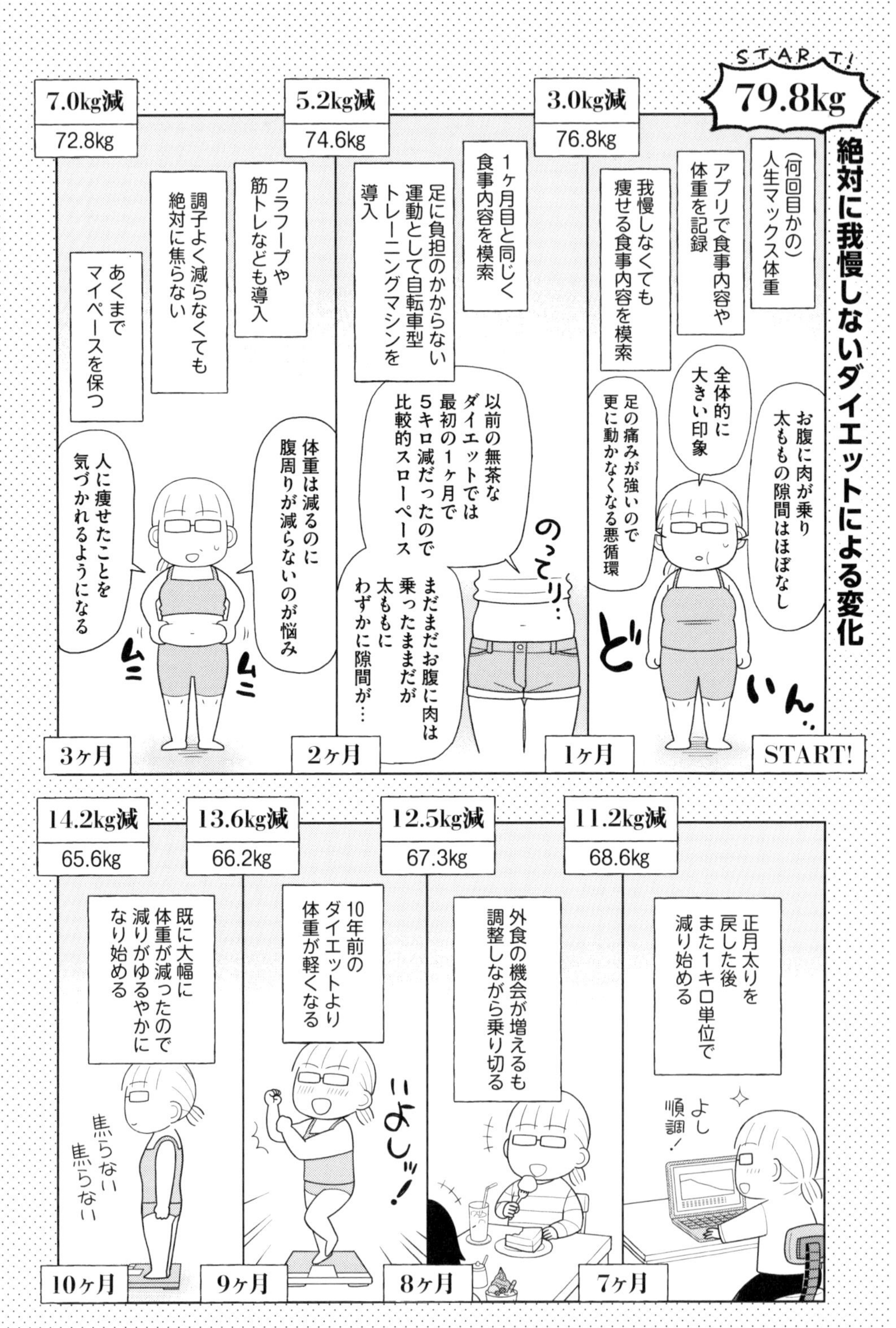

START!
79.8kg
絶対に我慢しないダイエットによる変化
(何回目かの)人生マックス体重
アプリで食事内容や体重を記録
我慢しなくても痩せる食事内容を模索
お腹に肉が乗り太ももの隙間はほぼなし
全体的に大きい印象
足の痛みが強いので更に動かなくなる悪循環
どどーん…
START!
3.0kg減
76.8kg
1ヶ月目と同じく食事内容を模索
足に負担のかからない運動として自転車型トレーニングマシンを導入
以前の無茶なダイエットでは最初の1ヶ月で5キロ減だったので比較的スローペース
のってり…
まだまだお腹に肉は乗ったままだが太ももにわずかに隙間が…
1ヶ月
5.2kg減
74.6kg
フラフープや筋トレなども導入
調子よく減らなくても絶対に焦らない
あくまでマイペースを保つ
体重は減るのに腹周りが減らないのが悩み
人に痩せたことを気づかれるようになる
ムニ
ムニ
2ヶ月
7.0kg減
72.8kg
3ヶ月
11.2kg減
68.6kg
正月太りを戻した後また1キロ単位で減り始める
よし順調！
7ヶ月
12.5kg減
67.3kg
外食の機会が増えるも調整しながら乗り切る
8ヶ月
13.6kg減
66.2kg
10年前のダイエットより体重が軽くなる
いよしッ！
9ヶ月
14.2kg減
65.6kg
既に大幅に体重が減ったので減りがゆるやかになり始める
焦らない焦らない
10ヶ月

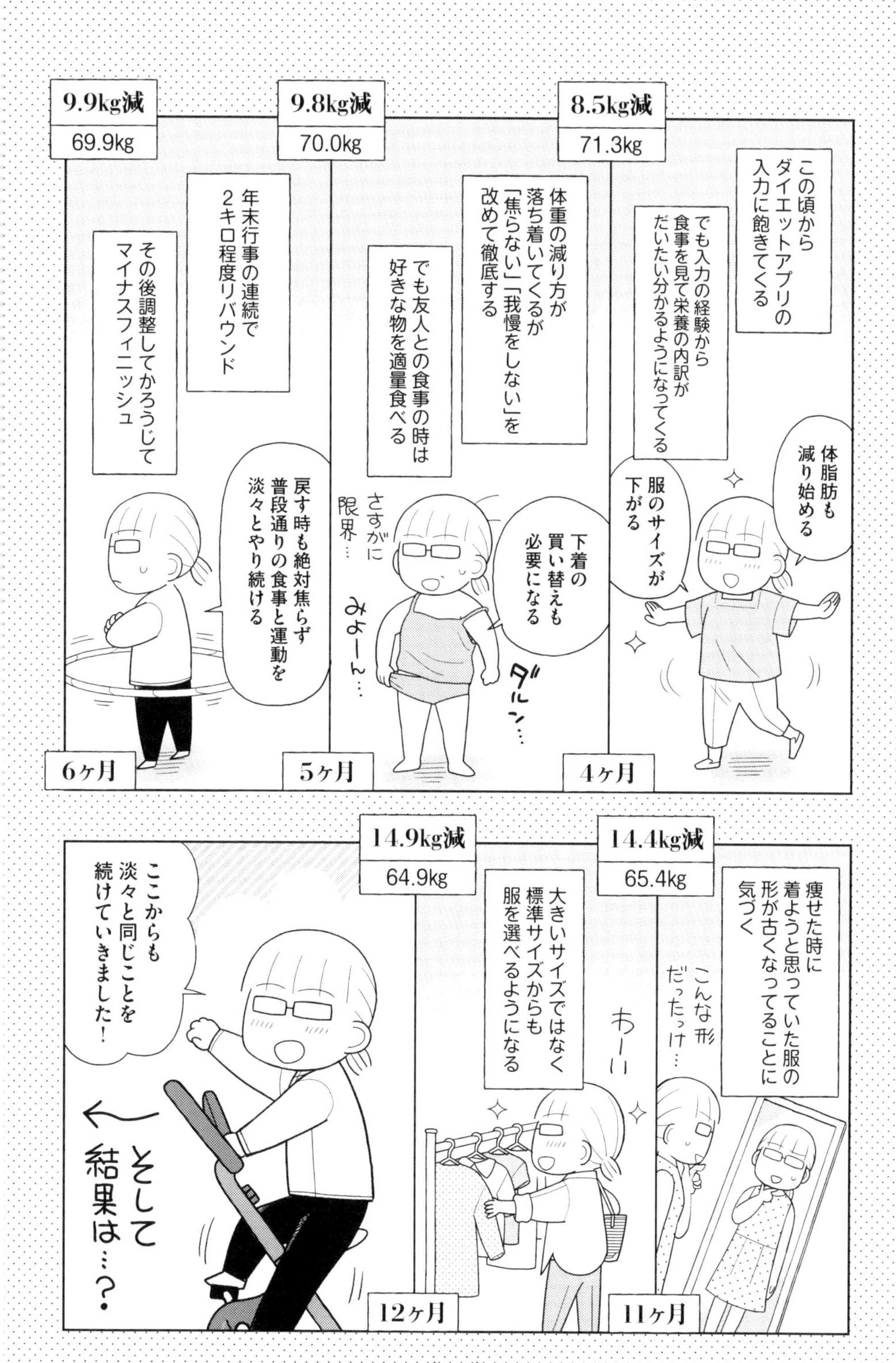
8.5kg減
71.3kg
この頃から
ダイエットアプリの
入力に飽きてくる
でも入力の経験から
食事を見て栄養の内訳が
だいたい分かるようになってくる
体脂肪も
減り始める
服のサイズが
下がる
4ヶ月
9.8kg減
70.0kg
体重の減り方が
落ち着いてくるが
「焦らない」「我慢をしない」を
改めて徹底する
でも友人との食事の時は
好きな物を適量食べる
下着の
買い替えも
必要になる
ダルン…
さすがに
限界…
みよーん…
5ヶ月
9.9kg減
69.9kg
年末行事の連続で
2キロ程度リバウンド
その後調整してかろうじて
マイナスフィニッシュ
戻す時も絶対焦らず
普段通りの食事と運動を
淡々とやり続ける
6ヶ月
14.4kg減
65.4kg
痩せた時に
着ようと思っていた服の
形が古くなってることに
気づく
こんな形
だったっけ…
11ヶ月
14.9kg減
64.9kg
大きいサイズではなく
標準サイズからも
服を選べるようになる
わーい
12ヶ月
ここからも
淡々と同じことを
続けていきました!
←そして
結果は…?

第14話

ダイエット開始から1年、ついに…

少しずつだけど運動したおかげでウエストにもくびれがちゃんとできたし
ここが消えた!
脚の間にもしっかり隙間ができたし
ここが消えた!
体型にメリハリができたのが嬉しい〜
この年齢かつ足の痛みで運動強度が上げられない中で体脂肪率が33%から25%になったのは上出来なのでは?
33%
25%
骨格筋率も「高め」の表示だし!
ルン
ルン
……
おおお
これだけ痩せるとファスナーが上がらなくなってた服も全然余裕だな〜
わーい♥
以前
ミチ
ミチ

しかし
痩せて入るように
なった服は
どれも
改めて
着てみると
何となく形が
古いんだよな…
スン…
太感とか柄とかが微妙に懐かしい…
服に関しては
もう入らないと
思った時点で
大半を手放してた
けど
スタンダードな
形のものは
痩せたら着ようと思って
残してたんだけどなあ
年月が経って
流行が変わったん
だなあ
嬉しい悲鳴だけど
というか
体型維持って
本当に最強の
節約なんだなぁ…
さようなら…
思い出せるだけでも
太ったという理由で
ろくに着ないまま
手放した服が
たくさん…
それでも
服を選べる幅が
かなり広がったな〜
すご〜い
M〜Lサイズ
24,000件
最近はだいぶ
選べるように
なったとはいえ
3L以上とM〜Lでは
選べる種類や数が
全然違うし…

身体のことに
関して言えば
体重が
軽くなったことで
足の痛み
特に寝てる時の
しびれが
ほぼなくなったのが
嬉しいわ…
パァァ。
以前は
股関節の
痛みからくる
足のしびれに
悩まされていた

そして何より
何より何より
ブル
ブル…

食べるのを
我慢しなくても
体型を維持できる
身体と習慣を
手に入れたことが
嬉しすぎる…
パァァァ

痩せるのに焦って食事制限キツめでダイエットしてた時は
はぁ…もう限界だぁ
ある程度痩せたしもうダイエットはいいでしょ
1日1200kcal〜1400kcalはキツイ…
…とちょっと普通の食事に戻した瞬間
どか食いではなく本当に普通の食事
ギュンッ
きぃっ
とすぐさま2〜3キロ戻っていたので
どうしろって言うんだよ〜〜〜!
これを戻すのがどれだけ大変か!
食べないダイエットで代謝が落ちているのでこうなる
しかし今回は
普通に食べても体重が増えないのが嬉しすぎる…
パァァ…
むしろあの時の普通の食事より全然食べてる…ッ

今回の
ダイエットでは

誰かの基準に
合わせる
のではなく

何かに合わせて
焦るのではなく

徹底的に
自分の性格や
生活に
じっくりと
向き合いました

人のやり方そのままでは
私は耐えることができず
何度もリバウンド
していたので

時間をかけて
自分に合うメニューや
摂取カロリーを
模索しました

私は1日
1800kcal〜
2000kcal
食べても
やせるのか…！

その結果今までで
一番我慢をせずに
楽に痩せることが
できました

色々な
人の意見を
参考にすることは
大切なことです
そこには自分では
絶対に気づけなかった
有益な情報が
たくさんあります
私もたくさん
〝参考〟にしました
しかし
実際にダイエットを
行うのも
目的を達成した後
その身体と
一生付き合い
続けていくのも
他の誰でもない
自分自身です

だからこそ
人の意見を
「参考」にした上で
それをどう
自分の
性格や生活に
組み入れるのかを
考え
実行する必要が
あると思います
私の考え方が
現在ダイエットに
悩まれている方の
一助になれば幸いです
私も引き続き
自分と向き合いながら
我慢をしない
ダイエットを
続けていきたいと
思います！

人生何が起きるか分からないものだな〜と思った話

第15話
絶対に我慢しないダイエット　おさらい

朝	白米＋ 調理不要の副菜＋ デザート
昼	定食＋ プロテイン＋ デザート
間食	炭水化物（糖質） 以外のもの
夜	おかずのみ

④運動内容はこんな感じ！

ウォーキング
1日20分くらい
自転車型トレーニングマシン
1日15分ｘ1～2回
フラフープ
1日10分くらい
筋トレ・ダンベル
1日5～10分くらい

体調やその日の予定にもよりますがこれをだいたい毎日行っています

1日の運動量としては軽めだと思いますが

普段まったく運動しない人がこれを見たら

生活にプラスこんな運動めんどくさくてできないわ～

ムリムリ～～

やっぱりダイエットは努力と根性なのね～

と思うかもしれません

私は
足が悪いという
ハンデがある上に
おそらく
誰よりも動かない
生活スタイルで
意識しないと
ホントに
ずーっと
この状態…
そんな自分が
継続できるように
考えた結果が
先のような
運動内容と量に
なっているのですが
通勤や
通学があるなら
ウォーキングは
必要ないかも
しれないし
職種によっては
筋トレも
必要ないかも
しれない
すべての方が私と
同じ種類
同じ量の運動をすべき
という意味では
ありません

普段の生活の中で
自分が足りてないと
思う運動を
自分が可能な
タイミングで
組み込めればOKだと
思います
時間がないから
隙間時間に
筋トレだけ
しておこう
通勤や通学が
ないから
ウォーキングは
しておこう

継続のポイントは「運動のため」に運動するのではなく
「何かのついで」「娯楽のついで」に運動を取り入れること
ゲームしながら
ついでに運動〜
私はこれで継続の難易度がぐっと下がりました
食事に関しても今の内容をガラリと変えて色々やるよりも
今日から絶対おやつはNG!
食事量は半分にする!
まず続かない…
今の食事の中で1つずつ問題を改善していく方が
楽だし継続しやすいと思います
間食
朝抜き
お酒
ジャンクフード
まずはこの中から改善できることをやるか…
特別なことをしなくても
普段飲んでいるジュースをお茶にするだけで痩せられたりします
あれ?
ジュースをやめただけで2kg減った??
継続のためにはいきなりあれこれやるのではなく
カードは少しずつ切ることが大切だと思いました
ジュースはやめられたから
次は何をやってみようかな
揚げ物を減らす
甘い物を減らす
筋トレを3分行う
一駅前で降りて歩く

今回のダイエットにおいてはとにかく
食べることを我慢しない
食事も運動も効率より継続が優先
を徹底しました
一日一日を我慢せずにすごす
特別なことはしない
ストレス解消を考えるよりそもそもストレスを溜めない
チートデイは設けない
0カロリー食品は使わない
0カロリー
これで私は今までのダイエットで一番我慢をせずに
1年強で17キロ落とすことができました
わーーい!
食生活も特に変わってないので今のところリバウンドもしていません
そもそも我慢していないので食生活を変える必要がないのだ
これからも我慢することなく体重管理をしていきたいと思います
無理のない範囲で!

よし！
外食で増えた分を
3日で戻せたぞ～
グッ

第16話
「言われるのが嫌なら痩せなよ」に対する考え方

超ストレートに
ようデブ〜〜
ポン
などと言われる時もあれば
ね〜この人体重◯kgあるんだって！
診断結果見えちゃった〜〜w
そんなもの食べてるからお尻がデカくなっちゃうんだよ
プッ
などと言われる時もあり
そういうことを言うのをやめてほしいと言ってみても
返ってくる言葉は
冗談なのに本気にしないでよ〜
本当にヤバかったら言わないって〜
言われるのが嫌なら痩せなよ
頭髪や身長と違ってデブは甘えだよ？
だって本当のことじゃん
事実を言って何が悪いの？
？
という感じで

当時の私は
それらの言い分に
何と言ったらいいのか
分からず
何度も言われて
いるうちに
たしかに私が
太っているのは
事実…
例え冗談でも
言われたくなければ
少しでもデブを
連想させないような
体型になるしか
ないのか…
このように
考えるようになり
何度か無理な
ダイエットをして
痩せてみても
何一つ
突っ込まれないレベルに
痩せることは当然難しく
痩せたね～
私の
着なくなった
服いる？
え？
Lサイズなの？
じゃあ無理かぁ～
私Sサイズだから
ごめんね～～
私より10cm以上
背が低い
無理なダイエットで
痩せたので
すぐにリバウンド
してしまい
また何か言われることに
怯えるループに
ハマっていました
あ～
会ったらまた何かしら
言われるんだろうな～
遠回しな嫌味だと
苦情も言いづらいし
どうすれば…

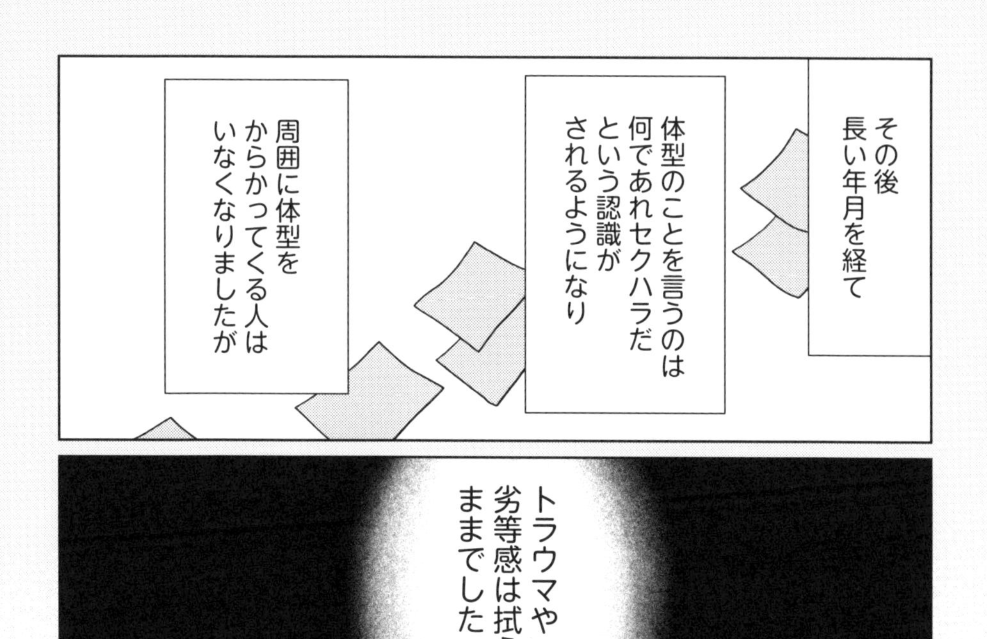
その後
長い年月を経て
体型のことを言うのは
何であれセクハラだ
という認識が
されるようになり
周囲に体型を
からかってくる人は
いなくなりましたが
トラウマや
劣等感は拭えない
ままでした

そんなことを
ふとSさんに
雑談として
話した時
きっぱり
そんな嫌なこと
言う奴は
無視だよ
…………
…その時

私の中で長年答えが出せなかった疑問を
Sさんにぶつけてみたのです
…頭では理解できるし私もそう思えればと思うけど
でも私が太ってることは事実だし
痩せないと健康に悪いのも事実
相手の言い分を無視してもその現実は変わらないいんだから
「嫌なこと」で済ませるのは自分が逃げてるように思っちゃうんだよね
ああでも標準体重になった時も結局あれこれ言ってきた人いたなあ
デカイのは変わらないよねえ
でも何一つ突っ込まれないくらいまで痩せるとか全然できる気がしないなぁ
どうすればいいんだろう
おいおいおい
おかしな方向に思考が行ってるよ
………
…あのねえ

「太っているかどうか」と「人を侮辱していいかどうか」は
別に考えなきゃダメだよ
………………
え…
過体重で健康を害している人は確かに痩せる必要があるかもしれない
実際私がそうだし
だからといってその人を侮辱していい理由にはならないのよ
侮辱って犯罪なんだよ

………
厳しい言い方をするとね
あなたの中のどこかに「太ってる人は侮辱されてもしかたない」
っていう意識があるから侮辱を受け入れてしまうのよ
例えそれが自分に向けられているものでも
それは差別なのよ
「太っていれば侮辱されてもしかたない」
「侮辱されたくなければ痩せなければならない」
そんなふうに人権を条件付きで考えちゃダメだよ

私も太ってるし
デブだのなんだの言われた時だってあったし
言われたら傷つくし平気じゃいられないよ
でも侮辱してくる人たちの言葉にも一理あるとか
その言い分を受け止められない自分がダメな奴だなんて思わない
そういう人たちは
言っていいことと悪いことの区別がつかない
幼稚でかわいそうな人たちだと思うだけ
それとは別で心身の健康のために痩せる必要があるなら
それについては自分や本当に自分を心配してくれる人たちと考える
私も今薬飲んだり食事管理したりしてるよ
一緒くたにしちゃダメだよ

…………なるほど…………
そうか…………
私…ずっと
一緒くたに
考えていたかも
しれない…
ダメだよ〜
この時私は
長年抱えていた
疑問が晴れた
気がしたのでした
例え他の人が
太っていても
それはその人の
事情だと
切り離して
考えられるのに
自分に対しては
太っていることは
絶対に間違っていて
だから侮辱されても
しかたない
痩せる以外に
許される方法はない
という考えがどこかに
あったのだと思います

この考え方は
今思えば
とても危ういもので
場合によっては
鬱や
摂食障害など
命に関わる
深刻な病気の
きっかけに
なりかねません
人それぞれ
年齢や性格や
生活スタイルによって
精神的・肉体的に
健やかでいられる
体重は違います
それを
他人や世間に
太ってるね
これくらい
細くないと
とジャッジ
されることで
愛されボディチェック
ロ二の腕
ロお腹
ロ太もも
おデブのままじゃダメ!
脂肪を駆逐!
美しくなる
もっと
痩せなきゃ
変わらなきゃ
存在価値が
なくなる
○kgあると
デブだって
誰かが
言ってた
という焦りに繋がり
自分自身を
見失ってしまうのだと
思います

私は今回
「とにかく痩せること」
「早く痩せること」
ではなく

自分の生活や
性格に
とことん
向き合うことに
こだわりました

その結果
今までで
一番楽に健康的に
痩せることが
できました

それはかつて
他人や世間の
基準に振り回され

痩せることに焦り
思い悩んでいた
自分を救うことにも
なったと思います

私のエピソードが
同じことに
悩まれている方の
解決の一助になれば
幸いです

ここまで
読んでくださり
ありがとう
ございました

※今回のダイエットは、なぎまゆが個人的に調べたことを参考に、
自身の体質や生活に合わせて行ったものであり、
すべての人やケースに当てはまるものではありません。
体調にご不安がある方は、医師や専門家の指示にしたがってください。

あとがき

ここまで読んでいただき、ありがとうございました。なぎまゆです。

今まで何度もダイエットをしては数年かけて元に戻る、を繰り返していた私。

当時のダイエットを振り返ると「数字が日々減っていくこと」「周りに変化に気づいてもらえること」「見た目が細くなっていくこと」をダイエットのモチベーションにしていた気がします。

しかし、体重は永遠に減り続けるものではないし、職業柄周りから反応をもらう機会も少なくなったし、自分の見た目に関して究極の高みを目指しているわけでもないし……。

結果、モチベーションが維持できずに毎回リバウンド、となっていました。

今回のダイエットは、友人や自身の病がきっかけだったとはいえ、以前のような具体的なモチベーションの対象がないまま始めたような気がします。

何かのイベントに合わせるでもない、職業柄誰かと頻繁に会うでもない、そして私の足の持病は一生ついてまわるものなので、焦って痩せる理由もない……。

しかし一見ダイエットが続かなそうなこの状況こそが、逆に今回のダイエットが成功した要因だったのではないかと思います。

Afterword by Nagimayu

今までのダイエットの失敗を通して、私の場合はほんの少しの我慢でも、重なっていくとどこかで必ずどか食いに繋がることが分かったので、絶対に、徹底的に、食べることを我慢しない。我慢をするくらいなら、本気でやれば今月1キロ落とせる体重も、-0.1キロで構わない。それよりも、今食べている量を、来年も、再来年も、一生ずっと食べていられる身体でいたい。

そうやって目の前の数字を意識するより、ずっと先を意識していたら、人生で一番楽に健康体重になることができました。

ダイエット中も現在も食事の摂り方は変わっていませんが、今のところ体重は維持できています。

無理なく体重を維持するためには、ダイエット中もダイエット後も食事を我慢してはいけない、食べる量を妥協してはいけなかったのだということを、今回のダイエットで痛感しました。

今回のダイエットで得た一番の報酬は、減らした数字でもなければ細くなった足でもなく、「食事を我慢しなくても体重を維持できる、身体と習慣」だと思っています。

そして漫画の中でも触れましたが、私は過去に、何度も体型をからかわれた経験があります。

私はずっと「自分が太っていることは事実だから、言われるのは嫌だけど、痩せない限り侮辱されてもしかたない」と無意識に思い込んでいたと思います。

しかし、仮に私がモデルのような体重になってその人たちを黙らせることができたとしても、太った瞬間にまた侮辱されるかもしれない、という緊張状態で、心安らかに人間関係を築くことなどできません。

侮辱する方がおかしい、ではなく、侮辱されないように◯◯する、という考え方では、自分を尊重して生きることは難しいのだと、今では思います。

今後もどこかで、体型をからかってくる人に出会うことがあるかもしれません。

その時に「太っているから侮辱されてもしかたない」ではなく「太っているからといって、侮辱する人の方がおかしい」と心から思うことができれば、心ない言葉に傷つくことがあっても、自分自身を見失ったりせずに済むのではないかと思います。

Afterword by Nagimayu

人にこのことを話すと「何をそんな当たり前のことを」という反応をされるのですが、私はこのことをきちんと理解するのに、長い長い時間がかかってしまいました。

もしも今、私と同じように、自身の体型に悩んだり、自分自身を責めている人がいたら、私が友人にそうしてもらったように「太っているかどうか、それを改善する必要があるかどうか」と「人を侮辱していいかどうか」は別であり、侮辱を受け入れる必要はない、と伝えたいです。

今回のダイエットを通して私が学んだことは、健康的に痩せるために必要なのは、周りとの比較や周りからの圧のような「他人軸」ではなく、自分は何をどうすれば無理なく痩せられるのか、そして何をどうすれば無理なく体重維持できるのかを真剣に考える「自分軸」だということでした。

友人のSさんをはじめ、今回のダイエットや漫画執筆を支えてくれた人たち、そしてこの本の出版に関わってくださったすべての方に感謝いたします。

STAFF

ブックデザイン
坂野弘美

DTP
小川卓也（木蔭屋）

校正
向山美紗子

営業
後藤歩里

編集長
山﨑 旬

編集担当
中川寛子

痩せるより
大切なことに気づいたら、
人生で一番楽に
17kgのダイエットに
成功しました

2024年1月18日　初版発行
2024年10月10日　5版発行

著　者
なぎまゆ

発行者
山下 直久

発　行
株式会社KADOKAWA
〒102-8177　東京都千代田区富士見2-13-3
電話 0570-002-301（ナビダイヤル）

印刷・製本
TOPPANクロレ株式会社

ISBN 978-4-04-683159-0　C0077

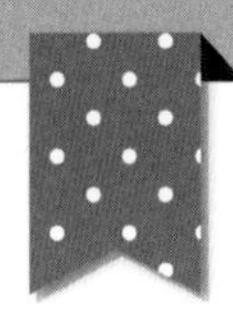

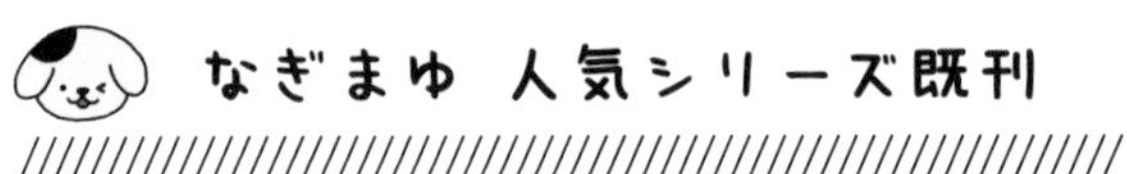

なぎまゆ 人気シリーズ既刊

「ちゃんとしなきゃ！」をやめたら 二度と散らからない部屋になりました

片付けのコツは、その場を動かないこと

足の踏み場もないほど物が溢れすぎている友人宅のお片付けレポを通して、
整理整頓ができない理由、キレイな状態を続ける方法を解説!
元・片付けられない人だった著者がおくる、お片付け系実録コミックエッセイ。

「ちゃんとしなきゃ！」をやめたら 二度と散らからない部屋になりました 見えないところも整理整頓編

元・片付けられない人だった著者がおくる、
二度と部屋が散らからなくなるための整理整頓術第2弾!
掃除はしているから部屋はキレイ…。
だけど、クローゼットや食器棚をはじめ、収納場所を上手に利用できていますか?
少しでもドキッとしたならば、あなたの部屋は「隠れ肥満型」かもしれません!
パッと見た感じキレイな部屋だけど、収納がぐっちゃぐちゃ…。
これこそが隠れ肥満型部屋なのです。今作では前巻から少し視点を移し、
後に散らかってしまう要素になりかねない隠れた部分の整理整頓術を解説!
前巻とあわせて読めば、二度と散らからない部屋にまた一歩近づくこと間違いなし。

「ちゃんとしなきゃ！」をやめたら 二度と散らからない部屋になりました 家族の悩みも解決編

家が家族の物で闇鍋状態!
元・片付けられない人だった著者がおくる、二度と部屋が散らからなくなるための整理整頓術第3弾! 今回は非常に要望の大きかった家族編!
一人暮らしの部屋と違って家族と住んでいると、一人ひとりの部屋は物も少なく、
パッと見た感じは整頓されています。
…ですが、「あなたの私物」は本当に「あなたの部屋」に収まっていますか?
共用しているリビングなどに本当は使っていないものが押し込まれ、闇鍋状態になっていませんか? 今作では前巻までよりももっと大きな視点で整理整頓を解説!
描き下ろしには震災の備えの整理方法も掲載!

「ちゃんとしなきゃ！」をやめれば二度と散らからない部屋になる

3つのルールで誰でも部屋が片付く!
『「ちゃんとしなきゃ!」をやめたら　二度と散らからない部屋になりました』シリーズで好評を博した著者、なぎまゆによる実用書。
片付けが大好きな人も、片付けが苦手な人も、誰もがキレイな部屋に住みたいはず!
「ちゃんとしなきゃ!」と一念発起して片付けをしても、その状態を保てず、再び散らかってしまうことも…。そこで本書は、「元 片付けられなかった人」である著者が
「自身にあった収納法を見つけることこそが整理整頓された状態を長くキープできる方法」を写真やイラストによる解説付きで教えます。
これを読めばあなたの部屋が「二度と散らからないキレイな部屋」になること間違いなし!